AF368973

ÉLÉMENTS

D'HARMONIE

appliquée à

L'ACCOMPAGNEMENT DU PLAIN-CHANT

ÉLÉMENTS

D'HARMONIE

appliquée à

L'ACCOMPAGNEMENT DU PLAIN-CHANT

d'après les traditions des anciennes écoles

PAR STÉPHEN MORELOT

PRÊTRE

MEMBRE DE PLUSIEURS SOCIÉTÉS SAVANTES.

Consonantiæ auditum demulcent,
devotionem provocant et psallentium
Deo animos torpere non sinunt.
JOAN. **PP. XXII.** in *Extr*
com., III. 1.

PARIS
P. LETHIELLEUX, LIB.-ÉDIT.
RUE BONAPARTE, 66

TOURNAY
CASTERMAN, LIBRAIRE-ÉDIT
RUE AUX RATS, 11.

DIJON
PEUTET-POMMEY, IMPRIMEUR-LIBRAIRE, ÉDITEUR
RUE DES GODRANS, 11.

1861

PRÉFACE.

L'usage, si répandu aujourd'hui en France, en Allemagne et en Belgique, d'enrichir l'exécution du plain-chant des effets de l'harmonie, rendue tantôt par l'orgue seul, tantôt par une masse vocale, a fait éclore, dans le cours de ces dernières années, un assez grand nombre de publications, soit didactiques, soit purement pratiques, destinées à propager et à affermir cette alliance de deux branches de l'art que l'on semblait regarder comme incompatibles. L'ouvrage que l'on présente au public vient prendre dans cet ordre de productions une place qui nous paraît encore inoccupée. Non que l'auteur ait la prétention de mettre au jour un système de création nouvelle : — d'autres l'ont fait avant lui. — Loin de là : il a pensé que ce qui importait surtout en ce moment, c'était de restituer à cette application de la science harmonique ce caractère traditionnel qui seul convient aux choses de l'Eglise. En se plaçant résolument sur ce terrain, il a cru travailler en la seule manière vraiment efficace, à réaliser une parfaite unité de vues et d'action parmi ceux qui s'intéressent à cette question, et en préparer une solution acceptable par tous, au regard des progrès de l'art comme de l'honneur du culte divin. Assurément un grand pas avait été fait déjà dans cette voie par la tendance très-marquée, qui s'est depuis quelque temps manifestée parmi les hommes compétents, à rattacher une pratique à certains égards nouvelle à l'ordre de faits musicaux qui a précédé l'avénement de ce que l'on est convenu d'appeler la tonalité moderne. De là, par exemple, la préférence généralement accordée aujourd'hui, au moins théoriquement, à l'harmonie purement consonnante sur celle qui admet l'usage des dissonances, de celles-là surtout qui caractérisent spécialement cette même tonalité. De là encore, dans la plupart des recueils de plain-chant harmonisé qui ont paru en ces derniers temps, la prétention annoncée par leurs auteurs, et plus ou moins justifiée, de s'être rigoureusement conformés aux procédés usités dans l'école qui se glorifie du grand nom de Palestrina. Mais, ces points admis, que de questions encore controversées attendent une solution qui ait assez d'autorité pour se faire accepter par la masse du public, que les dissentiments de ses maitres, érudits ou artistes, retiennent dans un scepticisme auquel elle ne voit pas d'issue! Et cette autorité, où peut-on espérer la rencontrer, sinon dans la tradition des grandes écoles qui florissaient en Europe avant que la tonalité du plainchant ne fût absorbée par la musique moderne?

Parmi les ouvrages déjà publiés, aucun ne paraissait de nature à faire bien comprendre, au regard des habitudes présentes de l'oreille, l'esprit et le mécanisme de la tonalité ecclésiastique dans son application à l'harmonie. Sans parler des anciens traités de contre-point, trop peu explicites sur la question de tonalité, qui n'a été réellement posée que de notre temps, et composés d'ailleurs dans un but tout différent de celui qu'on a aujourd'hui en vue; sans parler de ces grands ouvrages que leur forme et leur excessive rareté rend inabordables à la grande majorité du public, la plupart de ceux qui ont été publiés de nos jours sur cette matière sont trop peu développés pour offrir au praticien désireux de s'en instruire à fond un corps complet de doctrine, alors même que leurs auteurs y auraient fait preuve de savoir et même d'érudition. D'autres, se laissant aller à une tendance très-commune en ce siècle, n'ont rien trouvé de mieux à proposer que des recettes qui dispensent d'études et presque d'intelligence, quitte à ne donner en fin de compte que des résultats dont la pauvreté indispose et dégoûte bientôt ceux qui s'étaient le plus empressés de mordre à cet appât.

Sans descendre à ce niveau, l'auteur de ces *Eléments d'Harmonie* a tenu à rester fidèle à son titre. C'est donc bien un traité élémentaire qu'il prétend offrir au public, mais en même temps un traité doctrinal et raisonné; c'est un enseignement principalement et avant tout dirigé vers la pratique qui s'y trouve exposé, et non une théorie scientifique ou des recherches d'érudition, bien que le caractère éminemment traditionnel de son œuvre l'ait obligé à côtoyer presque continuellement le domaine de l'histoire et de l'archéologie musicales, et même à y faire quelques rares et courtes excursions.

L'extrème réserve que l'auteur s'est imposée à cet égard pourrait bien lui attirer le reproche d'avoir souvent tranché, comme de sa propre autorité, des questions dont la solution semblerait avoir besoin, pour se faire accepter, de s'appuyer sur des citations plus ou moins abondantes de textes et de monuments; et il est juste de reconnaitre que, en de telles matières, l'érudition n'est ni un luxe inutile, ni le fait du pédantisme. Si donc l'auteur n'en a pas usé plus largement, la raison en est dans les circonstances qui ont accompagné la composition de cet ouvrage, entrepris et terminé loin des dépôts de la science, et rédigé, pour la plus grande partie, d'après quelques notes informes ou même d'après les seules données que pouvait fournir le souvenir de recherches et de lectures plus ou moins récentes. Ainsi, réduit à cette alternative, ou de ne point donner suite à ce travail, ou de l'exécuter dans des conditions qui lui enlevaient une partie de son importance, l'auteur s'est décidé à passer outre, par cette considération : que ce qui manquerait à son livre du côté de la science, ne lui ferait rien perdre au regard de l'utilité pratique; l'expérience prouvant que la discussion des points douteux ou contestés ne fait qu'embarrasser la marche d'un ouvrage didactique, sans profit pour l'instruction de ceux auxquels il s'adresse spécialement.

En faisant cet aveu, l'auteur montre assez le besoin qu'il a de la confiance de ses lecteurs. Cette confiance, du reste, ne lui serait guère moins nécessaire, alors même qu'il aurait pu mettre davantage ceux-ci en état de contrôler la valeur de ses assertions. Plusieurs d'entre elles, en effet, sont de pures observations de fait, qui, ne se trouvant consignées nulle part, ne sauraient se justifier par des textes, et dont, par conséquent, l'exactitude (dans les limites où elle est possible en pareille matière) ne saurait résulter que de l'examen des monuments eux-mêmes. Si ce livre pouvait suggérer à quelques-uns de ses lecteurs l'idée d'entreprendre un pareil examen, ce serait assurément le meilleur résultat qu'il pourrait produire, et celui dont l'auteur aurait à se féliciter davantage. Si quelque chose était de nature à assurer quelque probabilité à ce résultat, ce serait assurément l'intérêt avec lequel on recherche aujourd'hui les chefs-d'œuvre de l'ancienne école, et les publications par lesquelles on s'efforce de donner satisfaction à ces tendances rétrospectives de plus en plus prononcées, en rouvrant à la science la mine si long-temps inexplorée de la vraie musique ecclésiastique [1]. Pour s'associer utilement, autant qu'il était en lui, à ces tendances, l'auteur a cru pouvoir, sans perdre de vue le sujet tout spécial qu'il avait à traiter, profiter des occasions qu'il lui fournissait d'entrer dans l'examen de certains procédés de l'ancien contre-point, examen qui aura du moins pour résultat d'appeler l'attention de plus doctes que lui sur des points non encore suffisamment éclaircis, et pourra ainsi contribuer aux progrès des hautes études musicales.

Il ne pouvait pas non plus perdre de vue, en traitant de l'accompagnement du plain-chant, la théorie de ce chant lui-même. Peut-être lui saura-t-on quelque gré d'avoir abordé, sans qu'il y fût rigoureusement obligé par la nature de son travail, l'examen de certaines difficultés au sujet desquelles

---

[1] Une des publications les mieux entendues en ce genre est assurément celle qui se fait à Ratisbonne sous le titre de *Musica divina*. Son éditeur, M. le chanoine Proske, a droit à la reconnaissance des amis de la musique religieuse, et nous sommes heureux de trouver cette occasion de nous faire l'interprète de ce sentiment.

cette théorie ne paraît point encore complétement fixée. Peut-être aussi lui reprochera-t-on d'avoir émis sur certains points des assertions qui paraissent inconciliables. Voici l'explication de ces contradictions plus apparentes que réelles.

Jusqu'à ces derniers temps, on s'en tenait généralement, en fait de théorie du plain-chant, à celle que les écrivains des derniers siècles, qui font autorité en la matière, avaient formulée d'après une tradition qui remonte au moyen âge, et en conformité avec les versions de ce chant généralement reçues. Les travaux exécutés sur le plain-chant dans ces dernières années ont fait éclore, en même temps que des versions nouvelles ou renouvelées, des doctrines qui s'écartent plus ou moins des anciennes, et qui, si elles renferment beaucoup de choses hasardées et quelquefois plus que cela, ont du moins le mérite d'appeler l'attention des savants sur ces questions si délaissées, et de mettre en lumière certains faits dont on ne tenait plus assez compte. Tout en prenant, sur la question pratique, le parti de ceux qui sont pour la conservation des versions modernes [1] (le chapitre final de l'ouvrage en fait foi), on a cru pouvoir s'appuyer, dans l'occasion, sur des théories plus ou moins opposées à celles qui avaient présidé à la rédaction de ces versions, mais qui n'en ont pas moins une incontestable valeur historique. De là des appréciations diverses d'un même fait, dans lesquelles on pourrait, faute par l'auteur de fournir ces explications, trouver matière à l'accuser de manquer ou de logique ou de mémoire.

Enfin, l'auteur croit devoir faire observer que, son but ayant été de caractériser aussi nettement qu'il était possible les procédés de l'ancien contre-point en ce qu'ils ont d'applicable à l'accompagnement usuel du chant ecclésiastique, il a dû se servir de formules très-générales auxquelles, il est le premier à le reconnaître, un examen détaillé des œuvres des anciens maîtres pourrait donner quelques démentis. Mais, d'abord, on sait combien il importe, dans un ouvrage élémentaire, de ne point s'attacher avec trop de scrupule à ce qui n'est que de détail et d'exception. Ensuite, on voudra bien considérer que, la destination spéciale et immédiate de celui-ci étant d'enseigner à accompagner le plain-chant, on a dû en formuler les doctrines d'après la pratique de ceux des anciens maîtres qui, dans leurs compositions sur les thèmes tirés de ce chant, se sont montrés le plus fidèles à ses lois tonales, et ont su mieux respecter sa constitution. L'auteur

---

[1] Au nombre de ceux qui se rangent à cette opinion, à laquelle leur nom est fait pour donner du poids, se trouve le R. P. D. P. Guéranger, abbé de Solesmes, qui s'exprime ainsi dans une lettre adressée à M. le chanoine Gontier, du Mans, et imprimée en tête de l'excellente *Méthode de plain-chant* de ce dernier : « ..... Une édition sérieuse et pratique serait encore désirable aujourd'hui, une édition...... où il fût tenu compte de certaines modifications que les siècles ont introduites dans la note par voie de réduction.... »

espère que l'on voudra bien tenir compte de ces observations dans le jugement qu'on portera sur son livre. Il est, d'ailleurs, disposé à faire son profit de toutes les corrections que l'on voudra bien lui signaler.

En voilà assez sur la partie technique de l'ouvrage. Quant à la partie esthétique, si l'auteur avait besoin de faire ici sa profession de foi, elle serait tout entière dans ce grand principe de « la séparation du sacré et du profane, » que rappelait, il y a quelques années, un illustre cardinal [1]. C'est parce que les caractères propres au plain-chant constituent, dans l'ordre des faits musicaux, un signe non équivoque de cette séparation, que l'importance de ce chant est grande aux yeux de l'auteur; et cela non-seulement à raison des qualités intrinsèques qu'il possède, mais encore au point de vue de l'influence qu'il est appelé à exercer sur les diverses branches de l'art musical dans leurs rapports avec le culte divin. On croit devoir à ce sujet appeler l'attention des lecteurs sur les considérations pratiques renfermées dans l'avant-dernier chapitre de cet ouvrage, lesquelles complètent sur certains points l'exposé de doctrines qui n'a pu être ici qu'ébauché.

Il reste à faire connaitre la division de l'ouvrage et la distribution des matières qui y sont traitées.

Il se compose de trois parties :

Dans la première, l'auteur, ne demandant à son lecteur d'autres connaissances préalables que celle des principes de la musique et du plain-chant, formule les règles de l'harmonie consonnante, et accessoirement de l'harmonie dissonante, dans les limites posées par l'ancienne pratique, dont il caractérise les procédés avec d'autant plus de précision qu'ils s'écartent davantage de ceux de la musique moderne.

Le tissu harmonique étant ainsi préparé, il ne reste plus qu'à y faire entrer le chant. C'est l'objet de la seconde partie. L'auteur y fait connaitre les divers systèmes d'accompagnement auxquels donne lieu l'emploi du contre-point, soit *figuré*, soit de *note contre note*. D'accord avec le titre de son ouvrage, il s'attache spécialement à ce dernier, et expose en détail tout ce qui concerne la création de la basse sous le chant, le choix des accords, le légitime emploi des cadences (dont il a donné dans la première partie les formules harmoniques), etc. Cette partie se termine par un chapitre spécial sur l'accompagnement du chant placé à la basse.

L'auteur, fidèle à l'exemple des théoriciens de l'ancienne école, tels que Zarlino et Fuchs, a réservé pour la troisième et dernière partie ce qui con-

---

[1] Lettre de S. Em. Mgr l'Archevêque de Paris aux rédacteurs du journal *la Maîtrise*, 15 août 1858.

cerne la théorie des modes. Les considérations qu'il émet à ce sujet, tout en se rapportant au but spécial du livre, qui est l'application de l'harmonie au plain-chant, servent néanmoins à éclairer la théorie de ce chant considéré en lui-même, et à en concilier les apparentes contradictions. Suivent quelques explications sur l'accompagnement de la psalmodie et sur la manière de réaliser les transpositions. Enfin, deux dissertations spéciales viennent clore cette partie. La première traite de certaines circonstances de l'emploi de l'orgue dans l'office, lesquelles se rattachent indirectement à l'accompagnement du chant ecclésiastique; leur examen donne lieu à quelques appréciations relativement au style, aux formes et aux caractères de la musique religieuse. Dans la seconde, se trouve débattue la question de savoir jusqu'à quel point et de quelle manière la considération de l'accompagnement peut influer sur la teneur même de la mélodie grégorienne.

L'ouvrage se complète par une série d'exemples de musique extraits pour la plupart de recueils du XVIe siècle, et servant à la fois d'exercices pratiques et de modèles.

OBSERVATIONS PRÉLIMINAIRES.

1. Pour mettre le lecteur à même de recourir plus facilement aux divers passages qui peuvent s'éclaircir l'un par l'autre, on a divisé tout l'ouvrage en paragraphes numérotés suivant une série continue, qui court d'un livre à l'autre et se poursuit jusqu'à la fin. Le renvoi d'un paragraphe à un autre est indiqué par le chiffre de celui-ci placé entre parenthèses.

On recommande de ne pas négliger cette confrontation, qui a l'avantage de rendre plus sensible l'enchaînement des propositions et offre un moyen facile de s'assurer si on a bien saisi le sens de l'auteur, en même temps que de rectifier les fausses interprétations qu'on aurait pu commettre.

2. La notation ordinaire du plain-chant ne comportant pas l'emploi des clefs transposées, on n'a point fait usage de ces clefs dans les exemples de musique. Il n'y a d'exception à cet égard que pour quelques-uns d'entre eux, qui se trouvent notés avec *un* bémol à la clef, ce qui était en usage dans la musique du XVIe siècle, particulièrement lorsque le morceau appartenait au IIe mode du plain-chant, et généralement dans tous les cas où, faute de recourir à cet expédient, les notes se seraient trouvées souvent rejetées en dehors de la portée. Mais on ne doit pas oublier que ce n'est jamais qu'une transposition, et que *fa* y représente *ut*, etc.

C'est surtout dans le cas où le même chant se trouve noté successivement en clef naturelle et transposée (181, 256, 279), qu'il importe de tenir compte de cette observation.

ÉLÉMENTS D'HARMONIE

APPLIQUÉS A

L'ACCOMPAGNEMENT DU PLAIN-CHANT.

PREMIÈRE PARTIE.

CHAPITRE PREMIER.

ACCORDS CONSONNANTS.

§ I. *Principes généraux.*

1. Celui qui se propose d'accompagner le plain-chant, selon les principes des anciennes écoles, doit acquérir d'abord la connaissance et l'habitude pratique de l'harmonie, dans les limites que comporte la tonalité propre à cette espèce de chant.

2. L'harmonie est cette partie de la science musicale qui traite de la formation des accords, et expose les lois suivant lesquelles ils peuvent se succéder l'un à l'autre.

3. On entend par *accord* l'assemblage de plusieurs sons simultanément perçus par l'oreille, et tellement proportionnés entre eux, qu'elle en soit agréablement frappée.

4. Tout accord complet, se composant de trois sons au moins, embrasse, par conséquent, au moins deux intervalles.

On entend par *intervalle* la relation de deux sons qui diffèrent du grave à l'aigu. (Pour la classification et les différentes partitions des intervalles, voir les traités généraux de musique.)

5. Dans la démonstration des faits harmoniques, qu'il importe de simplifier autant que possible, il faut avoir égard aux deux observations suivantes, qu'on ne devra jamais perdre de vue :

1° Les intervalles qui entrent dans la composition d'un accord s'évaluent toujours par rapport à la *basse,* c'est-à-dire au plus grave des

sons de cet accord; ce qu'on exprime en disant que la basse est le fondement des relations harmoniques;

2° Selon que les sons dont ils sont formés restent ou non compris
dans les limites de l'octave, les intervalles sont réputés *simples* ou
redoublés; or, tout intervalle redoublé se réduit, par le retranchement
de l'octave, à un intervalle simple, auquel on l'assimile dans la pratique
et dans le langage commun des harmonistes.

Qu'il s'agisse, par exemple, de dénommer les intervalles compris dans

cet accord 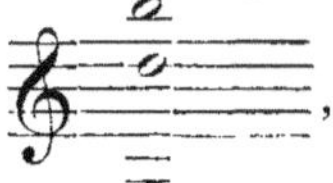, on dira pratiquement qu'il est composé

non de douzième et de sixte 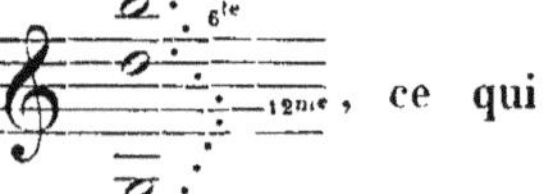, ce qui contredirait

notre première observation, ni de douzième et de dix-septième

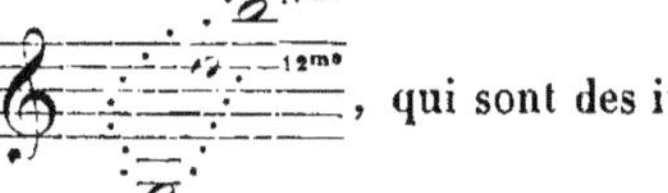, qui sont des intervalles redoublés, mais bien de quinte

et de tierce, qui sont les intervalles simples auxquels se réduisent ceux
de douzième et de dix-septième, comme le fait entendre notre seconde
observation.

6. Les sons qui entrent dans la composition d'un intervalle forment
entre eux une consonnance ou une dissonance, selon que la sensation
de plaisir qui résulte de leur audition simultanée est absolue et se termine
à elle-même, ou n'est au contraire que purement relative et subordonnée
à certaines conditions d'enchaînement et de succession.

7. Les consonnances sont d'autant plus parfaites qu'elles font naître à
un plus haut degré le sentiment du repos. En partant de cette donnée, et
en prenant pour point de départ l'unisson, qui, sans être un intervalle,
n'en est pas moins la plus parfaite des consonnances, on peut former la
classification suivante, dans laquelle celles-ci se trouvent rangées suivant
leur degré de perfection. Aux plus parfaites, nous avons donné, à l'exemple
des anciens, le nom de *consonnances univoques,* parce que les sons qui
entrent dans leur formation portent toujours le même nom. Viennent
ensuite les consonnances que nous appellerons *directes ;* et, en dernier
lieu, celles qui recevront par opposition le nom d'*inverses.* Ces
dénominations corrélatives sont fondées 1° sur ce que chaque consonnance directe donne naissance, par l'interversion de ses termes, à une
consonnance inverse, ainsi que nous l'avons figuré, pour chacune de ces
relations, par l'angle que forme l'inclinaison des flèches dans le tableau

ci-dessous ; 2° sur le rôle que chacun de ces deux ordres de consonnances est appelé à jouer dans la formation des accords.

Consonnances univoques { Unisson. Octave.

Consonnances directes... { Quinte......... Tierce majeure.. Tierce mineure..

Consonnances inverses. { Sixte majeure... Sixte mineure... Quarte........

8. Le sentiment du repos, moins parfait dans la tierce majeure que dans les trois premières consonnances, se montre déjà très-affaibli dans la tierce mineure. Il manque complétement aux consonnances inverses. Celle de quarte en est tellement dépourvue, que certaines écoles ont refusé à cet intervalle la qualité de consonnant. C'est, en effet, une consonnance essentiellement conditionnelle, et celle qui, à ce titre, se rapproche le plus des dissonances.

9. Les accords consonnants sont ceux dans la composition desquels il n'entre que des consonnances.

Ces accords, étant les seuls qu'on puisse considérer comme essentiellement constitutifs d'un système d'harmonie applicable à l'accompagnement du plain-chant, et devant d'ailleurs suffire par eux-mêmes dans la plupart des cas à la formation de cet accompagnement, seront par conséquent l'objet principal de ce traité.

§ 2. *Accords parfaits.*

10. L'accord consonnant par excellence, qui reçoit par cette raison le nom d'*accord parfait,* ne se compose que de consonnances directes (7), c'est-à-dire de quinte et de tierce. Ce dernier intervalle est majeur ou mineur, selon le degré de l'échelle sur lequel la basse de l'accord se trouve placée (5, 1°). De là résulte une double variété d'accord parfait, qui prend, par abréviation, le nom d'accord majeur ou mineur, selon que sa tierce a elle-même l'une ou l'autre de ces qualités.

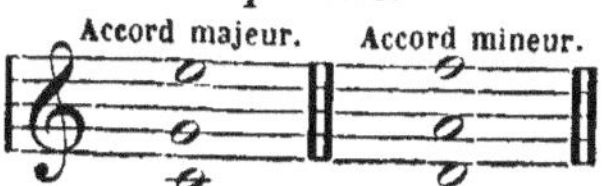

11. L'accord parfait est le seul qui produise le sentiment du repos, soit relatif, soit absolu. Encore ce dernier caractère appartient-il plus spécialement à l'accord majeur, le seul que, par cette raison sans doute, les anciens harmonistes aient jugé apte à conclure un morceau ou une période, la tierce mineure leur paraissant, non sans raison, d'une sonorité trop languissante pour remplir convenablement cette fonction.

12. L'accord parfait se place sur les six premiers degrés de l'échelle diatonique.

13. Le septième degré n'ayant point au dessus de lui de quinte parfaite, mais bien une quinte imparfaite, intervalle dissonant, selon la doctrine des anciens, ne peut en conséquence recevoir d'accord parfait qu'à la condition d'être abaissé d'un demi-ton par le bémol (mais alors il cesse d'être septième degré de l'échelle naturelle et devient momentanément quatrième degré de l'échelle transposée de *fa*).

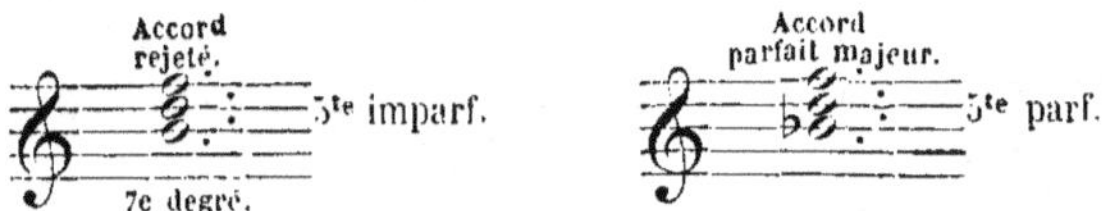

On reconnaît ici l'application d'une règle qui joue un grand rôle dans la théorie du plain chant, règle suivant laquelle le bémol sert à faire disparaître, par un changement momentané d'échelle, le concours prohibé du 4e et du 7e degré, c'est-à-dire du *fa* et du *si*; en sorte qu'on étend aux relations harmoniques ce qui est enseigné des relations purement mélodiques.

14. On demande si la correction de la dissonance ne pourrait point s'effectuer par le dièse apposé au *fa*, aussi bien que par le bémol apposé au *si*, la transformation de la quinte imparfaite en parfaite s'opérant également dans les deux cas.

Nous répondrons : 1° que, dans la théorie primitive du chant grégorien, on ne reconnaît pas d'autre modification de l'échelle diatonique naturelle que celle qui résulte de l'apposition du bémol au 7e degré;

2° Que, lors même que cette échelle pourrait subir d'autres modifications, telles que celles qui résulteraient de l'emploi du dièse, ces modifications ne sauraient en aucun cas affecter la quinte des accords, parce que la stabilité de cet intervalle, tel qu'il est donné par la série des sons contenus dans l'échelle grégorienne, étant indispensable au maintien de l'unité tonale, qui est de l'essence du genre diatonique, l'inobservation de cette condition porterait atteinte à toute l'économie de la tonalité.

15. Tout plain-chant pouvant à la rigueur s'accompagner avec les seuls accords parfaits, nous devons, avant d'aller plus loin, indiquer de quelle manière on doit les faire succéder l'un à l'autre.

16. Bien que l'accord parfait, comme en général tout accord consonnant, ne soit composé que de trois sons, on conçoit que le doublement de l'un ou de plusieurs d'entre eux, par le moyen des consonnances univoques (7), n'apporte aucun détriment à sa perfection.

17. Selon que, par l'effet de ce complément, la somme effective de notes qui entrent dans la composition de chaque accord, considéré comme faisant partie d'une série d'accords régulièrement enchaînés, se trouve portée à *quatre* ou à un plus grand nombre, l'harmonie est dite à *quatre* ou à un plus grand nombre de *voix* ou *parties réelles*.

L'expérience ayant fait reconnaître que l'harmonie à quatre parties est la plus parfaite de toutes, relativement aux exigences de l'oreille, qu'elle satisfait par sa plénitude, et en même temps la moins difficile à traiter dans les conditions élémentaires de la composition musicale, c'est à elle que se rapportera tout l'enseignement compris dans le présent traité.

18. Le meilleur complément de l'accord parfait est celui qui consiste à doubler à l'octave la basse de cet accord. Le doublement de la tierce et celui de la quinte, que l'enchaînement des accords rend quelquefois nécessaires, sont d'un effet moins satisfaisant, celui de la quinte surtout, et doivent être évités autant que possible.

19. On doit éviter également le doublement à l'unisson, que la conduite de l'harmonie rend pourtant en certains cas nécessaire. L'effet qui en résulte, toujours faible dans un ensemble formé de voix ou d'instruments à timbres différents, est absolument nul pour l'oreille dans la réduction de l'harmonie au clavier, bien que, en ce cas-là même, la notation doive l'indiquer, afin de représenter aux yeux la suite des parties.

§ 3. *Succession des Accords.*

20. On distingue dans l'harmonie des *parties extrêmes* ou *découvertes*, et des *parties intermédiaires*, *moyennes* ou *couvertes*. La première classe comprend la partie la plus aiguë et la plus grave, c'est-à-dire le *dessus* et la *basse*. La seconde renferme toutes les autres. Dans l'harmonie à

quatre parties, la plus rapprochée de la basse se nomme *ténor* ou *taille*; la plus voisine du dessus est appelée *altus* ou *haute-contre*.

Nous ne considérons dans ces parties que leur position respective. Celui qui serait en état d'écrire pour les voix aurait à se renseigner en outre sur leurs limites, matière dont nous n'avons point à traiter ici.

21. Alors même que toute l'harmonie d'une composition est rendue par un seul instrument, comme l'orgue par exemple, chacune des parties doit ·conserver un tour mélodique particulier qui permette jusqu'à un certain point de la reconnaître au milieu de l'ensemble et d'en suivre les évolutions. C'est à cette condition seulement qu'il est possible de réaliser une harmonie douée de pureté et d'élégance. En sorte que, abstraction faite de la circonstance, si commune d'ailleurs, de la prédominance de l'une de ces parties sur les autres, l'harmonie doit être considérée comme le résultat de la réunion de plusieurs mélodies exécutées simultanément.

De là pour l'harmoniste l'obligation de porter son attention, non-seulement sur l'enchaînement des groupes harmoniques entre eux, c'est-à-dire sur la succession des accords, mais aussi sur la conduite des parties considérées au point de vue de la simple mélodie. Cette obligation, qui, entendue rigoureusement, se traduirait en impossibilité pour tout autre que pour un contrapuntiste consommé, se réduira pour le commençant à l'observation au moins approximative des règles suivantes :

22. Dans le passage d'un accord à un autre, on donnera toujours la préférence aux intervalles conjoints sur les intervalles disjoints. — Cette règle ne s'applique point à la basse, laquelle au contraire emploie plus souvent et plus volontiers cette dernière espèce d'intervalles.

23. Si l'on est obligé de faire sauter une partie, on ne le fera que par l'un des intervalles usités dans la mélodie du plain-chant, laquelle n'admet d'autres sauts que ceux de tierce, de quarte, de quinte, rarement d'octave, plus rarement de sixte, surtout majeure, et rejette absolument les intervalles dissonants de quarte excédante et de quinte imparfaite (13), ainsi que le demi-ton chromatique.

24. La relation mélodique, directe ou indirecte, du *fa* au *si*, dans une même partie sera corrigée par le bémol (13), comme dans le plainchant lui-même, ou par le dièse, dans les cas où l'usage autorise à l'employer, ainsi qu'il sera expliqué en son lieu.

25. L'application de ces règles, obligatoires dans la composition vocale, est moins nécessaire et ne saurait être exigée avec la même rigueur dans une combinaison purement instrumentale. Toutefois il importe de s'y conformer dans la conduite des parties extrèmes, lesquelles attirent plus particulièrement l'attention de l'oreille.

26. Après avoir considéré le mouvement des parties au point de vue

de la succession mélodique de chacune d'elles prise individuellement, il faut encore l'envisager dans le concours simultané de deux ou plusieurs parties entre elles.

27. Tout passage d'une consonnance à une [autre entre deux parties s'opère suivant l'une de ces trois hypothèses :

1° Ou les deux parties se meuvent du grave à l'aigu, et *vice versa*, soit par le même intervalle (ex. *a*), soit par des intervalles différents (ex. *b*);

2° Ou l'une procède du grave à l'aigu tandis que l'autre se meut de l'aigu au grave ;

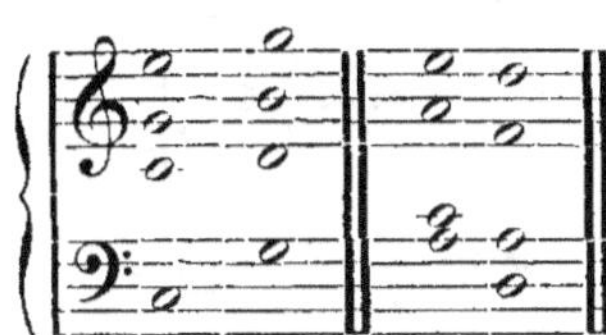

3° Ou l'une se meut, dans quelque sens que ce soit, tandis que l'autre reste sur le même degré.

Dans le premier cas, les parties procèdent par *mouvement semblable ;* dans le second, par *mouvement contraire ;* dans le troisième, par *mouvement oblique.*

28. Appliqués à l'harmonie à quatre parties, ces trois mouvements produisent une foule de combinaisons, dont nous rapporterons quelques-unes, calculées uniquement d'après la marche de la basse :

1° Mouvement semblable s'opérant à la fois dans toutes les parties :

2° Mouvement contraire s'opérant à la fois dans toutes les parties contre la basse :

3° Mouvement oblique dans toutes les parties contre la basse :

4° Combinaison des mouvements semblable et contraire :

5° Combinaison des mouvements semblable et oblique :

6° Combinaison des mouvements contraire et oblique :

7° Combinaison des trois mouvements :

29. Dans la succession d'un accord à un autre, la première chose à considérer, c'est la *position* de chacun d'eux. On appelle *position* ou *face* d'un accord l'ordre que conservent entre eux et par rapport à la basse les intervalles dont ils sont formés.

30. L'accord parfait, complété par le doublement de sa basse (18), a trois faces principales que déterminent respectivement, en se plaçant à la partie supérieure, l'octave, la tierce ou la quinte de la basse.

31. Ces positions sont dites *serrées*, à raison de la nature des intervalles, aussi rapprochés que possible, qui existent entre les trois parties supérieures. Dans l'application au clavier de cette sorte d'harmonie, il faut nécessairement exécuter celles-ci avec la main droite, la gauche se réservant seulement la basse.

32. A ces positions, très-usitées d'ailleurs, mais dont le principal inconvénient réside dans la marche toujours gênée qu'elles donnent aux parties intermédiaires, on doit préférer les positions *larges*, dans lesquelles la conduite mélodique des voix est plus facile à réaliser et se fait mieux sentir à l'oreille. L'harmonie construite d'après ce système, se trouvant également répartie entre les deux mains, a reçu pour cette raison des organistes le nom d'*harmonie divisée*.

33. Dans l'emploi des positions, tant larges que serrées, on évitera, autant que possible, le trop grand rapprochement des sons au grave, à cause de l'effet sourd qui en résulte. Au contraire, plus les sons s'élèvent, moins il y a d'inconvénient à les rapprocher.

34. La perfection de l'harmonie dépendant essentiellement de la variété qu'on a su mettre dans la succession des intervalles et dans la conduite mélodique des diverses parties, il en résulte que le passage d'un accord à un autre placé sur un degré différent ne peut s'opérer qu'autant que ces accords sont pris dans une position différente. Tous les exemples ci-dessus sont conformes à cette règle, qui est sans exception, du moins en ce qui concerne les accords parfaits.

A ce titre, les successions d'accords ci-après doivent être tenues pour détestables.

35. Par une autre conséquence du même principe, le mouvement semblable étant le moins propre à réaliser cette condition de variété dans les évolutions de l'harmonie, son emploi se trouve soumis à certaines restrictions plus ou moins nombreuses, en raison inverse du nombre des parties.

Pour l'harmonie à quatre parties, elles peuvent se réduire aux suivantes :

36. **Dans** le cas même où la position des accords changerait dans le passage de l'un à l'autre, on ne peut faire succéder par mouvement semblable l'octave à l'octave et la quinte à la quinte, soit par degrés conjoints, soit par degrés disjoints, entre deux parties quelconques. — Outre les exemples ci-dessus, qui tous renferment la succession prohibée d'octaves réunie à celle de quintes, nous donnerons les suivants, dans lesquels les infractions à la règle sont indiquées par l'arc de ligature :

Toutes ces successions, dont l'oreille sent le mauvais effet plus facilement que le raisonnement ne l'explique, doivent être absolument évitées.

37. On n'entend point par là proscrire le redoublement à l'octave d'une partie qu'on voudrait faire ressortir davantage ; mais alors il faut que l'intention du compositeur soit clairement marquée par toute la suite de l'harmonie, comme dans l'exemple suivant :

Dessus et basse doublés à l'octave inférieure.

(Les notes ajoutées à l'harmonie primitive sont marquées en noir.)

Rien n'est plus commun que ce doublement de parties, surtout à l'égard de la basse exécutée sur le clavier de l'orgue et fortifiée par l'adjonction des pédales. Quant au doublement des autres parties, il n'est pas toujours possible de l'effectuer, à raison des suites de quintes qu'il peut amener avec lui. Au reste, cet inconvénient ne se présente jamais, tant que l'on n'emploie que des accords parfaits.

38. Les anciens compositeurs qui ont écrit pour les voix ayant souvent fait croiser les parties, en sorte que le *tenor,* par exemple, peut en certains cas monter au-dessus de l'*altus* et descendre au-dessous de la basse, il en résulte que leur harmonie, si on voulait la réduire au clavier, présenterait souvent des incorrections du genre de celles dont il vient d'être parlé. Aussi, tout en approuvant cette manière d'écrire là où la diversité des timbres dans les voix chantantes peut faire reconnaître la suite réelle des parties, faut-il éviter de l'introduire dans des arrangements d'harmonie pour l'orgue (à moins qu'on n'y emploie plusieurs claviers), et ne pas imiter cet exemple tiré d'une publication récente.

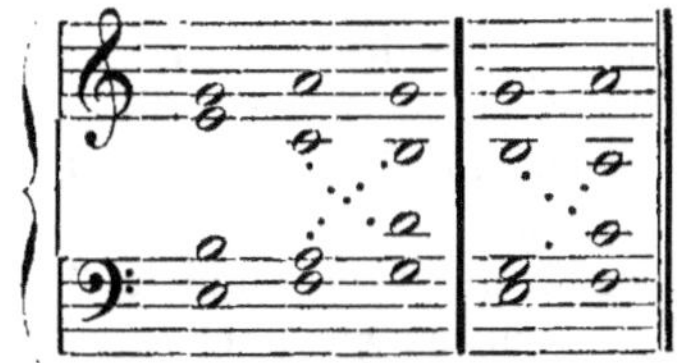

Les lignes de points qui vont de l'*altus* au *tenor* indiquent la succession réelle des parties, telle qu'elle est saisie par l'oreille, en dépit de leur disposition graphique.

39. L'observation des règles prohibitives qui viennent d'être exposées suffit pour faire éviter les fautes grossières dans la contexture de l'harmonie, mais non pour lui donner l'élégance qu'elle comporte. Pour atteindre à ce but, il faut éviter le mouvement semblable et pratiquer le mouvement contraire aussi fréquemment qu'on peut le faire, eu égard aux circonstances dans lesquelles on se trouve placé. Ainsi, des exemples proposés ci-dessus (28), le 1er, dans lequel toutes les parties se meuvent dans le même sens, est le plus médiocre, tandis que le 6e, dans lequel les mouvements contraire et oblique sont seuls employés, peut être considéré comme excellent. Quant aux autres, ils tiennent le milieu entre ces deux-là et doivent être estimés plus ou moins, suivant le rôle qui se trouve attribué dans chacun d'eux à ces divers mouvements.

Cette observation sur le mérite relatif des mouvements doit être entendue non-seulement de ceux qui s'opèrent entre la basse et une des trois autres parties, mais encore de ceux auxquels donne lieu l'évolution de ces dernières comparées entre elles.

40. On demande si les suites de quintes et d'octaves, impraticables par mouvement semblable, peuvent avoir lieu par mouvement contraire.

Si cette question doit être résolue d'après la considération de la variété des mouvements, principe et fondement de toutes les règles établies en cette matière, on ne voit pas pourquoi les exemples ci-dessous, conformes à la pratique des grands contrapuntistes de l'ancienne école, ne seraient pas tenus pour bons et excellents.

Mais, si l'on veut tenir compte du doublement de la basse à l'octave inférieure (**37**), et de la circonstance, très-ordinaire d'ailleurs, dans laquelle, ce doublement venant à cesser ou se reportant à l'unisson de la basse, la succession mélodique de celle-ci s'opèrera par le fait, au jugement de l'oreille, en sens inverse de celle qui lui était assignée, on sera amené à conclure qu'il vaut mieux éviter ces sortes de successions. En effet, dans cette hypothèse, celle des parties hautes qui devait procéder par mouvement contraire par rapport à la basse, se trouvera marcher dans le même sens qu'elle, en sorte que les quintes ou octaves consécutives par mouvement contraire, s'il en existe entre ces deux parties, se réaliseront par mouvement semblable, ainsi qu'on le voit dans l'exemple ci-dessous, lequel n'est qu'une reproduction du précédent avec doublement de la basse :

41. Les changements de position qui s'opèrent sur une note de basse répétée ou prolongée ne sont soumis à d'autres conditions que celles qui se rapportent à la marche mélodique des parties (**23, 24**). Seulement il importe de remarquer que l'emploi des mouvements contraire et oblique entre les parties supérieures est toujours, dans cette hypothèse, d'un effet plus

élégant que celui du mouvement semblable. Ainsi l'exemple *a* ci-dessous
est d'un mérite très-inférieur à l'exemple *b* :

42. C'est la marche de la basse qui détermine la succession des accords.
Cette marche peut avoir lieu de quatre manières, c'est-à-dire par quatre
intervalles, savoir : 1° de quinte ; 2° de quarte ; 3° de tierce ; 4° de seconde.
Ces quatre mouvements pouvant s'effectuer soit en montant, soit en descendant, il y a donc en tout huit cas possibles pour le passage d'un accord
à un autre, en partant d'une note quelconque de l'échelle, sauf l'exception
énoncée plus haut au sujet du 7ᵉ degré (13).

43. Nous n'avons compris dans cette énumération des mouvements de
la basse ni celui d'octave, qui, n'impliquant aucun changement d'accord,
rentre dans le cas indiqué plus haut (41), ni celui de sixte, qui ne doit
être employé que rarement et par exception (23), auquel cas il remplace,
par inversion (7), le mouvement de tierce. Encore ce remplacement
n'est-il tolérable que dans une succession d'accords disposés ainsi qu'il suit:

Quant aux hypothèses suivantes , elles ne

sont point admissibles : la première, parce qu'elle implique entre la basse
et une partie haute un mouvement semblable extrèmement gauche, lequel ne disparaîtrait pas dans un simple changement de position , comme

ci après : 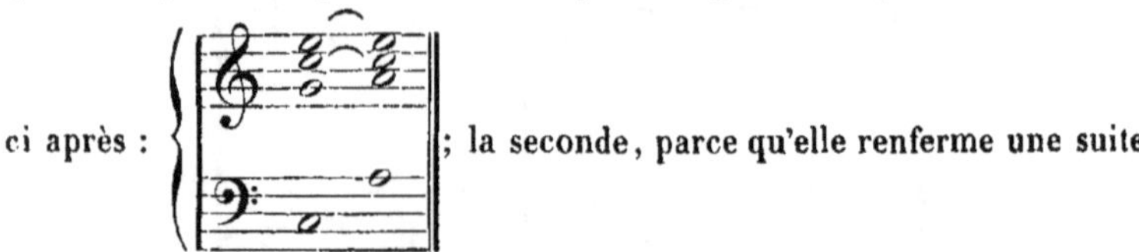 ; la seconde, parce qu'elle renferme une suite

de quintes et d'octaves par mouvement contraire, laquelle se réaliserait
par mouvement semblable, si, au lieu de suivre la marche ascendante de
sixte, indiquée par les notes blanches de l'exemple ci-dessus, la basse
descendait de tierce comme le marque la note noire placée au dessous.

44. Les successions d'accords dont nous avons donné la formule (**42**)
peuvent se réaliser dans toutes les positions tant larges que serrées (**29-33**).
C'est la position du premier accord qui détermine celle de tous les autres.

45. La marche de basse par quarte ascendante et descendante, qui, dans
les formules précédentes , se trouve réalisée par la combinaison des mouvements oblique et semblable, peut s'opérer également par mouvement
contraire.

Ainsi, au lieu de 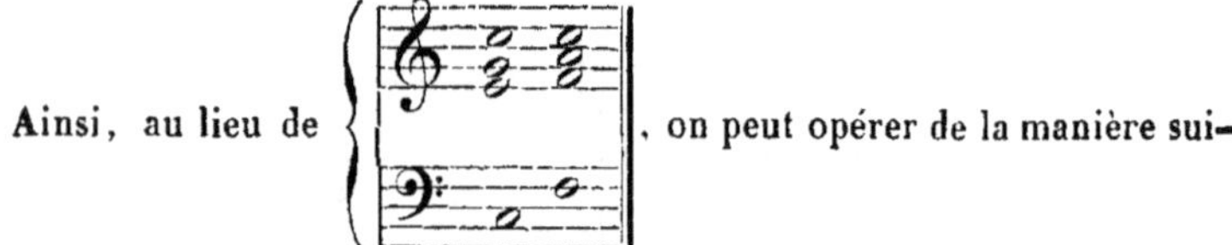 , on peut opérer de la manière suivante en employant le mouvement contraire dans toutes les parties contre

la basse 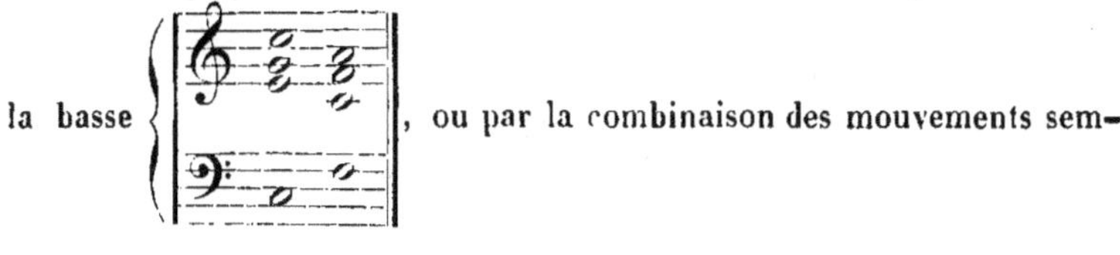, ou par la combinaison des mouvements sem-

blable et contraire : 

Cette manière de réaliser le passage d'un accord à un autre, sur la basse montant ou descendant de quarte, est préférable lorsque la première formule devrait amener, par mouvement semblable, une suite de tierces majeures ou de sixtes mineures entre deux des parties hautes, ce qui a lieu dans le passage du 2ᵉ au 5ᵉ degré de l'échelle et *vice versa*. Ainsi, à cette

formule : 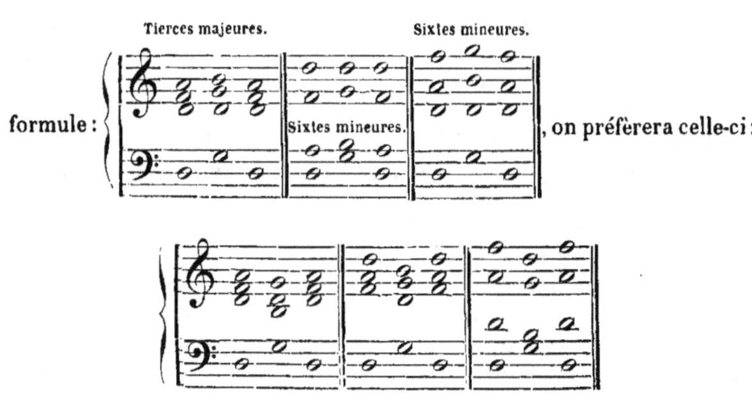

, on préfèrera celle-ci :

§ 4. *Renversements de l'accord parfait.*

46. Les autres accords consonnants ne sont que des renversements de l'accord parfait. Cet accord se composant d'un son grave ou fondamental, et de deux sons aigus, qui sont avec lui en rapport de consonnance directe (**7**), on conçoit qu'en reportant à l'aigu le premier et en plaçant au grave l'un des deux autres, on substituera à ces consonnances directes des consonnances inverses, moins parfaites en ce qu'elles excluent le sentiment du repos (8). Telle est l'origine des deux accords dits de *sixte* et de *quarte et sixte*, ou autrement *premier* et *second renversement* de l'accord parfait.

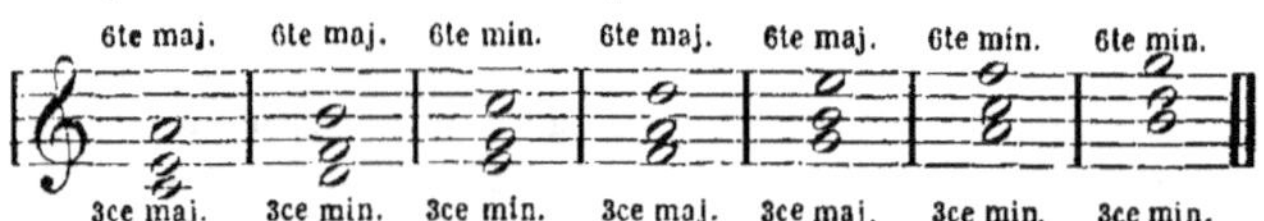

47. L'accord de sixte (1er renversement) se place indistinctement sur tous les degrés de l'échelle diatonique.

Les intervalles de tierce et de sixte, qui entrent dans la composition de cet accord, sont majeurs ou mineurs, suivant le degré où ils se trouvent placés dans l'échelle, avec cette circonstance, que la condition de la tierce est habituellement la même que celle de la sixte, comme on le voit dans l'exemple précédent. Il n'y a d'exception à cet égard que pour l'accord qui se forme sur le second degré, dans lequel la tierce est mineure et la sixte majeure.

48. Une autre particularité de cet accord, laquelle semblerait devoir le faire exclure du système de l'harmonie consonnante, c'est qu'il implique la relation du *fa* au *si*, qui entrent l'un et l'autre dans sa composition, aussi bien que dans celle de l'accord de tierce et quinte imparfaite (13), dont il est le renversement. Mais si l'on considère que, d'après un principe déjà énoncé (5, 1°), la relation harmonique n'existe point ici entre le *fa* et le *si*, mais bien entre le *ré* et le *fa* d'une part, et le *ré* et le *si* de l'autre, c'est-à-dire entre des sons qui forment consonnance, on comprendra pourquoi les anciens harmonistes ne se sont point arrêtés à ce motif d'exclusion.

49. Traités à trois parties seulement, les accords de sixte jouissent du privilége de pouvoir se succéder en conservant l'un par rapport à l'autre la même position (34), sous la condition toutefois qu'ils soient construits de manière à éviter l'emploi de l'intervalle de quinte entre les parties supérieures, ce que l'on obtiendra en plaçant toujours la tierce dans la région intermédiaire, comme dans l'exemple suivant :

etc.

En prenant ces mêmes accords dans une position telle que la tierce y occupe la voix supérieure, on ferait naître, entre les deux parties hautes, une suite de quintes qui rendrait cette succession absolument inadmissible (36).

Cette sorte d'harmonie, dans laquelle toutes les voix procèdent par mouvement semblable et par les mêmes degrés, a été en usage au moyen-âge, où on la désignait par l'appellation de *faux-bourdon*. Conservée dans la pratique moderne, elle a reçu des harmonistes le nom de *marche de sixtes*, sous lequel elle est connue aujourd'hui. On peut donc l'employer sans scrupule, surtout lorsque les parties procèdent par degrés conjoints. Les sauts qui dépassent la tierce y doivent être absolument évités.

50. Dans l'harmonie à quatre parties, l'accord de sixte se complète par le doublement de l'un des trois sons qui le composent (16, 17), et que représente l'exemple *a* ci-dessous.

On double de préférence la tierce (ex. *b*); vient ensuite le doublement de la sixte (ex. *c*), et celui de la basse (ex. *d*), le moins estimé de tous, surtout lorsque la note doublée se trouve à découvert (ex. *e*). Il n'est d'ailleurs aucune de ces diverses combinaisons qu'on ne puisse, et que même, en certains cas, on ne doive employer.

51. A quatre parties, la succession des accords de sixte ne peut s'effectuer sans changements de position (34). Cette succession est déterminée par les mêmes mouvements de basse que celle des accords parfaits (42). En voici la formule :

En montant.

En descendant.

52. Quant à la manière de faire succéder l'accord de sixte à l'accord parfait, et réciproquement, les formules suivantes, établies sur les mêmes mouvements de basse que les précédentes, tant dans l'ordre ascendant (*a*) que dans l'ordre descendant (*b*), suffiront pour la faire saisir.

53. L'exemple suivant montre de quelle manière on peut faire succéder avec élégance l'accord parfait à l'accord de sixte, et réciproquement, sur une tenue de basse.

54. Le second renversement de l'accord parfait est soumis dans son emploi à certaines conditions particulières, à raison de la quarte (**8**) qui entre dans sa composition.

1° Cet intervalle doit être *préparé;* c'est-à-dire que la note qui fait quarte contre la basse doit avoir été entendue dans l'accord précédent, comme dans les exemples *a* et *b* ci-dessous, à moins que la basse elle-même ne soit le prolongement de l'une des notes du premier accord, comme dans l'exemple *c*. — L'exemple *d*, ne satisfaisant pas à cette condition, est inadmissible dans le système d'harmonie exposé ici, quoique d'ailleurs communément pratiqué par les harmonistes modernes.

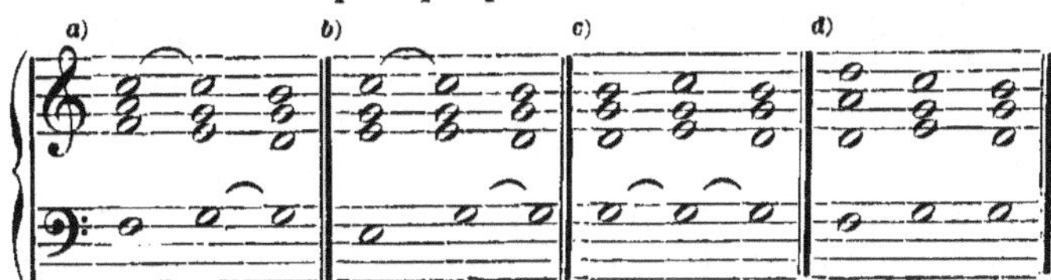

2° Cette même quarte doit être *résolue;* c'est-à-dire que la partie qui fait entendre la quarte contre la basse doit descendre d'un degré, pour former un intervalle de tierce sur le prolongement de cette même basse. Après l'accord de sixte, celle-ci reçoit ordinairement l'accord parfait. Cette double condition est observée dans les exemples qui précèdent.

55. L'accord de sixte et quarte se place sur tous les degrés de l'échelle diatonique, excepté le 4e et le 7e. Le motif de cette exception est :

1° Pour le 4e degré, la relation de quarte excédante (*fa-si*), relation essentiellement dissonante (13), lorsque l'un des termes qui la constituent se trouve être, comme ici, la basse même de l'accord;

2° Pour le 7e degré, l'absence d'accord parfait en cet endroit de l'échelle (13) rendant impossible la résolution régulière de l'accord de sixte et quarte qu'on formerait sur ce degré (54, 2°), s'oppose par là-même à ce que l'on y fasse usage de ce dernier accord.

L'exemple suivant fait voir comment, sur chacun des degrés aptes à le recevoir, se forme et se résout, à trois parties, l'accord de sixte et quarte.

56. A quatre parties, cet accord se complète régulièrement par le doublement de sa basse (ex. *a*), et plus rarement de sa sixte (*b*). La quarte se double plus difficilement, et il faut, en ce cas, la résoudre comme dans l'exemple *c*.

§ 5. *Étude pratique de l'harmonie.*

57. Avant d'aller plus loin, celui qui se propose d'acquérir l'habitude pratique de l'harmonie, d'après les principes développés dans ce traité, devra commencer l'étude des leçons progressives qui y sont annexées. Ces leçons consistent en une suite de *basses chiffrées*, destinées à familiariser l'élève avec les divers cas de succession des accords que l'on peut former sur tous les degrés de l'échelle diatonique. L'exercice auquel il devra se livrer consistera à réaliser, tant par écrit que sur le clavier, en se conformant aux règles exposées ci-dessus, l'harmonie afférente à ces basses [1].

58. Quant aux chiffres que l'on y trouve marqués, c'est une écriture abrégée qui sert à prévenir les doutes sur la nature de l'accord à employer. Chacun de ces chiffres représentant l'intervalle dont il est l'expression arithmétique, on voit tout de suite que l'accord parfait devrait être représenté par $\frac{8}{5}$, et ses renversements, l'un par $\frac{6}{3}$ et l'autre par $\frac{6}{4}$. Mais le besoin de simplification a fait réduire cette notation aux seuls éléments rigoureusement nécessaires. Ainsi, à moins de quelque circonstance particulière, l'accord parfait ne se chiffre point, et, dans le cas où l'on serait obligé de le faire, on n'emploie presque jamais qu'un seul des trois chiffres ci-dessus, les autres restant sous-entendus. Ainsi encore, la tierce, appartenant à la plupart des accords, ne se trouve ordinairement pas chiffrée.

Ces conventions établies, on donnera l'accord parfait à toutes les notes qui ne portent pas de chiffres; les autres, marquées 6 et $\frac{6}{4}$, recevront respectivement les accords de *sixte* et de *sixte et quarte*.

59. On devra s'exercer à traiter chaque leçon de plusieurs manières, c'est-à-dire en variant les positions (29), et en s'attachant particulièrement à celles qui constituent l'harmonie divisée (32).

L'harmonie sera traitée à quatre parties (17), et l'on fera en sorte que les accords soient toujours complets (4).

L'exemple suivant, qui présente la même harmonie réalisée dans trois

---

1 On trouvera ces basses chiffrées à la fin de cet ouvrage. Elles doivent être étudiées dans l'ordre où nous les avons disposées, et qui concorde avec celui de notre exposition théorique.

Quant à la ligne supérieure, ou *chant donné*, il faudra, dans cette première étude, n'en tenir aucun compte, et la réserver pour un nouveau travail dont l'objet sera ultérieurement indiqué.

positions différentes, fera comprendre quel genre de travail nous propo-
sons et montrera comment on peut y réussir.

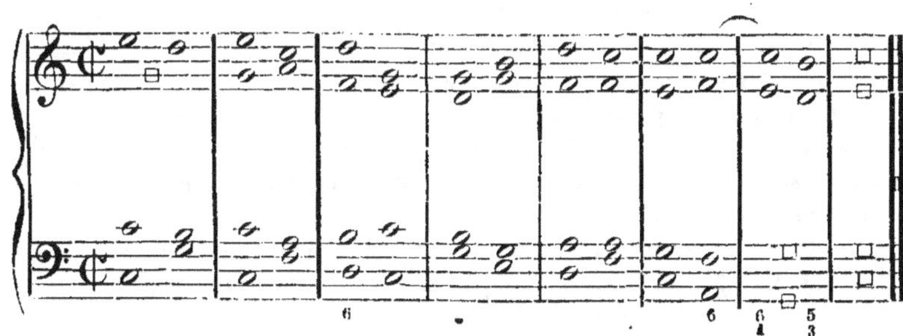

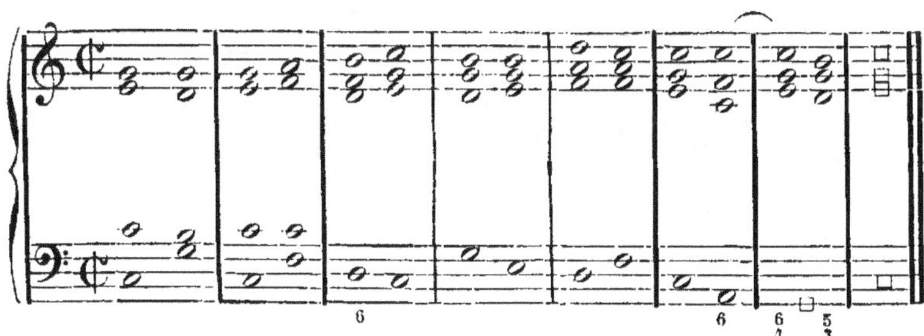

CHAPITRE II.

DES ALTÉRATIONS.

---

60. On sait que le genre diatonique, tel qu'il subsiste dans le chant grégorien, a pour formule une double série de tétracordes, dite *système conjoint* et *système disjoint*.

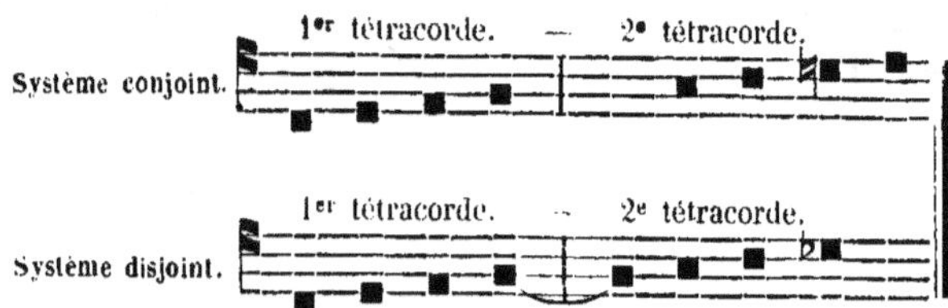

61. Il résulte du rapprochement des deux portées dont est formé ce tableau que, de la corde ♭, appartenant au système conjoint, à la corde ♮, qui fait partie du système disjoint, il existe un intervalle chromatique de demi-ton, qui est absolument étranger au genre diatonique. Aussi ces deux cordes ne peuvent-elles se succéder immédiatement, mais seulement se substituer l'une à l'autre, selon que la mélodie vient à entrer dans l'un ou l'autre système.

Cette substitution constitue ce que, dans l'ancienne langue des musiciens, on nommait *feinte*, et que nous appelons aujourd'hui *altération*.

62. L'altération est *descendante* ou *ascendante*.

Elle est descendante, lorsque, la tonalité étant établie dans le système disjoint, passe au système conjoint, par la substitution du ♮ carre au ♭ mol. — Elle est ascendante dans l'hypothèse inverse.

(Antienne de communion, d'après la leçon du manuscrit de Montpellier, reproduite au *Graduel romain*, édition de Paris, 1852.)

63. On n'est pas habitué à considérer l'altération ascendante comme faisant partie du système grégorien, parce que dans la théorie officielle [1] de ce chant, telle qu'elle est formulée par tous les auteurs du moyen âge et de la renaissance, l'emploi du ♭ mol se trouve limité de telle manière qu'il ne peut jamais constituer qu'une altération descendante par rapport au ♮ carre exclusivement pris comme corde naturelle.

L'exemple ci-dessus (et il n'est pas le seul de ce genre que renferme l'antique document auquel nous l'avons emprunté) fait au contraire remplir au ♭ mol la fonction de corde naturelle et au ♮ carre celle de corde substituée ; en sorte qu'il serait tout aussi logique (et même plus régulier, eu égard à la détermination du mode) d'écrire cette pièce avec le dièse, conformément aux habitudes de la notation moderne.

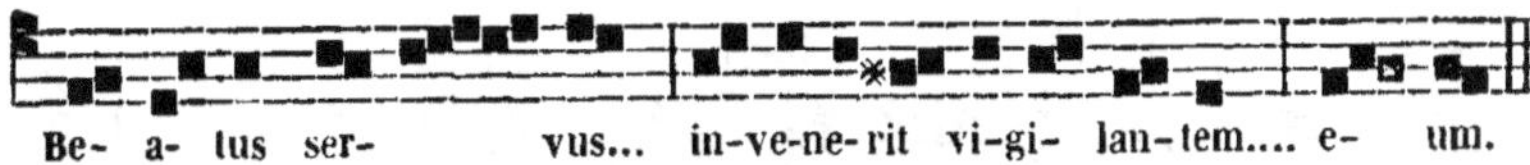

64. Il résulte de cet exposé : 1° que la coexistence, dans un même système tonal, de cordes situées à la distance de demi-ton chromatique ne suffit pas pour constituer un genre autre que le diatonique, pourvu que ces cordes ne soient pas appelées à se succéder l'une à l'autre dans la mélodie :

2° Qu'en principe, l'altération ascendante, pas plus que l'altération descendante, ne répugne à la nature du système grégorien.

Par là se trouve justifié en théorie l'usage du dièse chez les contrapuntistes qui ont écrit sous le régime de l'ancienne tonalité.

65. Observons toutefois que, dominés par la théorie qui a prévalu dans l'enseignement du plain-chant (63), ils n'ont admis le dièse qu'avec une certaine réserve et ne l'ont point assimilé au bémol, quant à son influence sur l'économie générale de la tonalité [2]. En sorte que, tandis que pour eux l'altération descendante est comme un acte constitutif de cette tonalité, dont elle complète et achève le développement tétracordal, l'altération

---

[1] Et non *primitive*, comme on l'a laissé imprimer par mégarde dans le chapitre précédent (14, 2°). Observons toutefois que cette théorie est réellement primitive, en ce sens qu'elle est antérieure à la fixation des règles du contre-point sur les altérations ascendantes, quoique, dans le vrai sens du mot, la théorie *primitive* ne puisse être autre que celle à laquelle la pratique des premiers temps se conformait plutôt par instinct que par l'effet d'une doctrine arrêtée.

[2] Voir à ce sujet un excellent écrit de M. l'abbé David, dans le 1er volume de la *Revue de la musique religieuse,* etc.. de M. Danjou.

ascendante, au contraire, n'est guère qu'une concession faite à certaines exigences de l'oreille et justifiée par les convenances de l'harmonie.

66. Aussi : 1° tandis que l'une reste limitée au septième degré de l'échelle, comme dans le système grec, sur lequel la théorie du chant ecclésiastique s'est formulée de bonne heure, l'autre tombe indifféremment sur le premier, le quatrième ou le cinquième degré, mais non ailleurs.

2° Par une autre conséquence déjà indiquée (14, 2°), le dièse n'affecte jamais que la tierce des accords parfaits, et la sixte ou la basse de ceux du premier renversement.

En sorte que tous les cas possibles d'altération ascendante, dans les diverses hypothèses harmoniques, se réduisent (par rapport à l'échelle normale d'*ut*) à ceux que renferme l'exemple suivant :

67. Cet exemple montre en même temps comment les signes d'altération (dièse, bémol et bécarre) se combinent avec le système de la basse chiffrée (58).

1° L'altération de la sixte s'exprime par le chiffre de cet intervalle précédé du signe d'altération ;

2° Le chiffre de la tierce restant au contraire sous entendu dans la plupart des accords, l'altération de cet intervalle s'exprime par le seul signe indicatif de cette altération ;

3° Quant au bécarre, il conserve dans chacune de ces hypothèses la signification équivoque que lui ont attribuée les praticiens modernes.

68. Une autre restriction dans l'usage de l'altération ascendante porte sur la conduite mélodique de la partie qui la fait entendre, cette partie devant toujours monter au degré le plus voisin, à moins que l'accord ne termine une période.

Soit, par exemple, la basse chiffrée qui suit :

L'harmonie à réaliser sur cette basse devra être construite comme en *a*, et non comme en *b*. (La marche des notes diésées, bonne dans le premier modèle, mauvaise dans le second, est indiquée par l'arc de ligature.)

Si l'on tenait à conserver la marche des parties telle qu'elle est figurée au dernier exemple, on pourrait le faire, mais sous la condition de supprimer les dièses.

69. Les règles qui président à la conduite mélodique des différentes parties découlant de la tonalité même du plain-chant (23), on devra faire en sorte que l'emploi du dièse n'y cause point d'infraction par l'introduction d'intervalles chromatiques incompatibles avec le maintien de cette tonalité.

Ainsi, des deux exemples ci-après, le premier est vicieux à raison des intervalles de quarte diminuée (*a*), de seconde augmentée (*b*) et de demi-ton chromatique (*c*) qui s'y trouvent employés mélodiquement. Ces défauts sont corrigés dans le second exemple, qui reproduit exactement l'harmonie du premier.

70. Les contrapuntistes modernes n'admettent point la correction effectuée à la fin du second exemple (*) pour faire disparaître de la partie supérieure du premier le demi-ton chromatique (c). Au contraire, dans l'enseignement actuel de l'harmonie, la *fausse relation* d'octave augmentée n'est tolérée que dans l'hypothèse du premier exemple, où le demi-ton chromatique se trouve réalisé mélodiquement par une des parties, tandis que celle du second exemple est absolument proscrite, surtout dans la musique vocale, à cause de la difficulté d'intonation qui en résulte.

Tout en constatant que c'est exactement le contraire qui se trouve avoir été pratiqué par les anciens maîtres, chez lesquels la considération du mouvement mélodique des différentes parties prises individuellement prévalait sur celle des relations harmoniques d'une partie à une autre, on doit reconnaître que la pratique moderne est préférable, et qu'il vaut mieux par conséquent ne point faire usage de la marche de basse qui amène cette fausse relation.

On doit porter le même jugement de la fausse relation d'octave augmentée ou diminuée qui se trouverait, non entre une partie haute et la basse, mais entre deux parties hautes, comme dans les hypothèses suivantes :

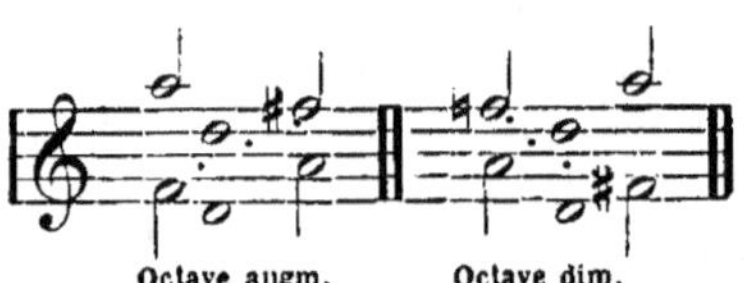

71. Quant à l'usage qu'on doit faire des altérations, particulièrement ascendantes, cette matière sera traitée au chapitre **IV** avec tous les développements qu'elle comporte.

CHAPITRE III [1].

MODIFICATIONS DE L'HARMONIE CONSONNANTE.

—

§ I. *Accords dissonants.*

72. L'harmonie dissonante, celle du moins dont nous avons à traiter, la seule qu'aient pratiquée les anciennes écoles et qui puisse encore être admise dans l'accompagnement du chant ecclésiastique, n'est autre chose qu'une modification de l'harmonie consonnante.

Soit, par exemple, cette série harmonique (*a*), uniquement composée d'accords parfaits :

En prolongeant d'une mesure à l'autre les trois notes marquées d'un astérisque, on obtiendra la série suivante (*b*), radicalement identique à la précédente, en ce qu'elle en reproduit tous les mouvements vocaux, tout en la modifiant par l'introduction d'intervalles dissonants dans trois des accords qui la composent. Ces dissonances sont la *quarte,* la *neuvième et la septième.*

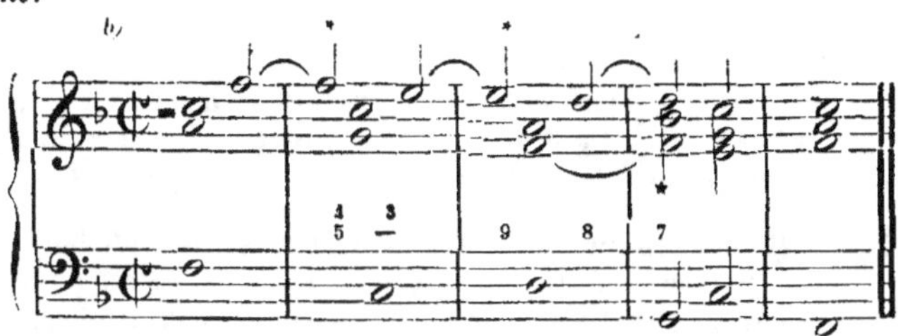

(Les explications que nous avons données [58] sur l'emploi des chiffres dans l'écriture musicale s'appliquent aux dissonances comme aux consonnances. Le trait — indique la prolongation de la note exprimée par le chiffre précédent.)

—

[1] Les notions renfermées dans les chapitres précédents étant rigoureusement suffisantes pour l'accompagnement du plain-chant (9), on pourra passer tout de suite au chapitre suivant. et réserver celui-ci pour une étude ultérieure.

73. Le procédé par lequel se réalisent les dissonnances renferme trois actes distincts : la *préparation* (*a*), la *prolongation* (*b*), la *résolution* (*c*).

74. La *préparation* doit toujours s'opérer par un intervalle consonnant. Il en est de même de la *résolution*, qui consiste en outre à faire descendre sur le degré le plus voisin la partie qui a fait entendre la dissonance.

De plus, la note qui fait la *préparation* doit toujours être d'une valeur au moins égale à celle de la *prolongation*. Ainsi l'hypothèse ci-dessous serait inadmissible :

75. Quant à la *prolongation,* elle doit concourir nécessairement avec l'*accent métrique* (autrement dit *temps fort*) qui correspond aux divisions impaires de la mesure binaire, et au premier ou au second temps de la mesure ternaire. L'exemple qui suit, admis dans la pratique moderne, ne peut donc recevoir d'application dans l'ancienne tonalité.

L'accord dissonant marqué 7 dans l'exemple ci-dessus tombe, comme on voit, sur le second temps de la mesure binaire, dit *temps faible,* parce qu'il ne saurait porter l'accent métrique.

76. Les dissonances de quarte, de neuvième et de septième (**72**) sont les seules qui puissent affecter les accords parfaits. Ainsi modifiés, ces accords sont susceptibles des mêmes renversements qu'à l'état purement consonnant (**46** *et suiv.*).

77. *Accord consonnant modifié par la dissonance de quarte, et ses dérivés.* — L'exemple *a* présente, sur le premier temps de chaque mesure, l'accord parfait d'*ut* dans son état direct et dans ses deux renversements. L'exemple *b* reproduit la même harmonie modifiée par la prolongation de la quarte *(fa)* régulièrement préparée et résolue (**73**).

L'exemple *b* donne la formule de l'emploi de la dissonance fondamentale de quarte dans son état direct et dans ses divers renversements. La note s'y trouve toujours placée, ainsi qu'on peut l'observer, à la partie supérieure, excepté pour le renversement de seconde et quinte (4e mesure), où elle est à la basse. Le renversement de *neuvième et sixte* (3e mesure) est peu usité dans l'ancienne pratique.

78. On observera aussi que ce même renversement de *neuvième et sixte* présente le seul cas où la dissonance (*fa*) se fasse entendre avec la note (*mi*) dont elle ne fait qu'occuper la place par l'effet de la prolongation. Un exemple analogue de l'emploi simultané de ces deux notes nous est fourni par les anciens contrapuntistes dans l'accord direct ainsi construit :

Pour l'employer de cette manière, il fallait : 1° que le doublement de la tierce se fît à l'octave ; 2° que l'une des tierces fut amenée par un mouvement ascendant et l'autre par un mouvement descendant. Ces deux conditions se trouvent remplies dans l'exemple qui précède.

Observons toutefois que cette manière d'employer la dissonance de quarte conjointement avec la tierce est rejetée par les rigoristes modernes.

79. *Accord consonnant modifié par la dissonance de neuvième, et ses dérivés.* — L'exemple *a* ci-dessous présente sur le premier temps de chaque mesure l'accord parfait d'*ut* dans son état direct ou dans l'un de ses renversements.

L'exemple *b* reproduit la même harmonie modifiée par la prolongation de la *neuvième*, préparée et résolue suivant les règles (**73**).

Ce même exemple *b* donne la formule de l'emploi de la dissonance fondamentale de neuvième dans son état direct et dans ses divers renversements.

La note dissonante y est toujours placée à la partie supérieure, excepté pour le renversement de *seconde et quarte* (4e mesure), où elle est à la basse.

On observera, à l'endroit marqué d'un astérisque dans l'exemple *a*, que le défaut de préparation de l'accord de *sixte et quarte*, qui rend cet accord, ainsi employé, inadmissible dans le système exposé ici (54, 1°), se trouve corrigé dans l'exemple *b* par la prolongation de la quinte. Cet intervalle, tout dissonant qu'il soit dans ce cas, a néanmoins la propriété de servir de préparation à la quarte consonnante, laquelle à son tour se résout sur la tierce (54, 2°).

On observera encore que, excepté dans l'accord direct de neuvième, la note fondamentale (*ut*) ne se fait jamais entendre en même temps que la dissonance (*ré*) qui en tient la place, et à laquelle elle sert de résolution. L'observation de cette règle est particulièrement obligatoire dans le renversement de *seconde et quarte* (4e mesure).

80. Cette même dissonance a une autre propriété : c'est que l'on peut, par son moyen, éviter une suite de quintes (36) qui serait forcément amenée par la même succession d'accords à l'état purement consonnant.

La succession renfermée dans les exemples *a* et *c* ci-dessous, et qu'on a déjà pu remarquer à la 4e mesure de l'exemple précédent, n'est point substantiellement différente de celle que présentent les exemples *b* et *d*, lesquels ne diffèrent des deux autres que par le retranchement de la dissonance. Et cependant les hypothèses *a* et *c* sont admises dans la pratique, et non point les deux autres.

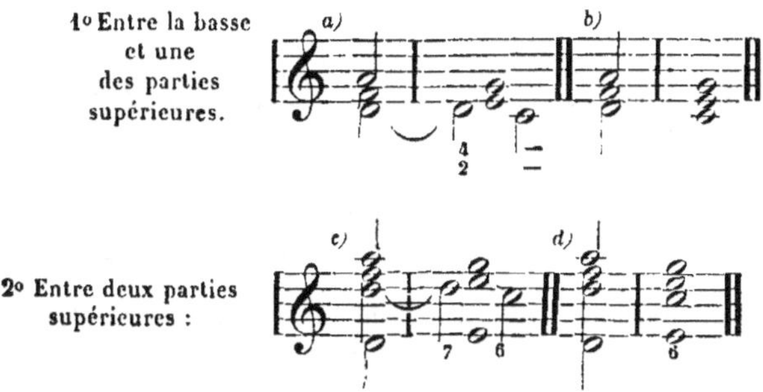

Il n'en est pas de même des successions d'octaves (36) : celles-ci ne peuvent jamais être corrigées par la dissonance, qui ne ferait que retarder la résolution. Ainsi les deux successions suivantes (*a* et *b*) sont également mauvaises.

81. Les dissonances fondamentales de quarte et de neuvième peuvent s'employer sur tous les degrés de l'échelle aptes à recevoir l'accord parfait (12). Leurs renversements, selon qu'ils correspondent aux accords de *sixte* ou de *quarte* et *sixte*, se placent respectivement sur les degrés que ces mêmes accords sont admis à occuper (47, 55).

Quant à la manière de reconnaître ces renversements, elle consiste uniquement à observer sur quelle consonnance se résout l'intervalle dissonant. Ainsi le premier renversement de la neuvième est la septième, le second renversement de la quarte est la septième accompagnée de la quarte, etc. Il sera utile d'analyser à ce point de vue les exemples qui précèdent (**77, 79**), en s'aidant des chiffres qui surmontent la basse.

82. Les exemples donnés plus haut de l'emploi de ces dissonances font voir qu'elles consistent essentiellement à retarder une consonnance, en sorte que de la prolongation à la résolution (**73**) il n'y a pas, à proprement parler, de changement d'accord, l'harmonie restant substantiellement la même.

Il en serait autrement si la résolution, au lieu de s'opérer sur l'accord lui-même, venait à tomber sur un accord différent. Cette sorte de résolution, connue dans l'école sous le nom de *résolution par exception*, est aussi régulière que l'autre, lorsqu'elle s'opère d'ailleurs suivant les conditions prescrites (**74**). Comme elle est d'un usage assez rare, au regard de l'objet principal du présent traité, l'exemple suivant suffira pour en faire comprendre le mécanisme.

83. Observons encore que, dans tout changement d'accord qui s'opère après une dissonance, il faut éviter de faire arriver par mouvement semblable (27,1°), sur l'unisson ou sur l'octave, deux parties dont l'une renfermerait cette dissonance. Ainsi, dans l'antépénultième mesure de l'exemple précédent, la résolution de la dissonance eût été fautive, si le *tenor*, au lieu de tomber du *mi* sur le *la*, se fut arrêté sur l'*ut*. La sensation qui résulte d'une telle résolution est tout à fait analogue à celle que produit une suite d'octaves par mouvement semblable.

84. La troisième dissonance fondamentale (celle de *septième*), dont il nous reste à parler, diffère des précédentes en ce qu'elle ne peut jamais se résoudre sur l'accord qu'elle modifie, mais implique nécessairement un changement d'harmonie. Cette différence tient à ce que la note substituée par la prolongation, au lieu d'être supérieure à la consonnance, comme sont dans les accords précédents la quarte par rapport à la tierce et la neuvième par rapport à l'octave, lui est inférieure d'un degré, la septième (*fa*) se trouvant, dans l'accord de ce nom, substituée à l'octave (*sol*), comme le démontre la comparaison des exemples ci-dessus (**72**, *a* et *b*, 4ᵉ mesure), que nous reproduisons ici *parte in qua*, en plaçant, pour plus de clarté, la dissonance (*) à la partie supérieure.

85. L'accord fondamental de septième, étant composé de quatre notes, comporte par conséquent trois renversements, dont un, le second, n'est guère praticable, à raison de l'intervalle de quarte qui s'y produit contre la basse. L'exemple précédent donne la formule de cet accord dans son état direct. Le suivant (*b*) donne celle des troisième et premier renversements. Nous l'avons fait précéder, suivant notre usage, de la série consonnante (*a*), dont il n'est qu'une modification. Dans l'exemple *b*, la dissonance, placée d'abord à la basse, puis au-dessus, est marquée d'un astérisque.

86. Suivant la règle énoncée plus haut (81), la dissonance fondamentale de septième et ses renversements se placent respectivement sur les degrés de l'échelle affectés à l'accord parfait et à chacun des renversements de cet accord.

Au reste, cette dissonance étant d'un usage assez restreint, surtout par rapport à la pratique tout élémentaire que nous avons principalement en vue, nous ne relèverons qu'une seule des variétés d'accords auxquelles elle peut donner lieu, à raison de sa situation sur tel ou tel degré de l'échelle.

87. La septième prolongée sur l'accord parfait du cinquième degré donne naissance à une dissonance d'une nature particulière, sur laquelle nous devons nous arrêter un instant. En voici la formule, comprenant (ex. *b*) les second et troisième renversements, et, en dernier lieu, l'accord fondamental dont ceux-ci sont dérivés, et précédée (ex. *a*) de la succession consonnante qu'elle modifie :

La note dissonante est indiquée par l'astérisque.

88. Dans la résolution de l'accord fondamental, la tierce et la septième (ici *mi-si♭*) ont une marche nécessairement opposée, la tierce devant toujours monter d'un degré, et la septième demeurant soumise à la règle générale (74) qui oblige les dissonances à descendre. Ces mêmes notes, qui forment entre elles un intervalle de *quinte imparfaite* ou de *quarte excédante* (13, 48, 55, 1°), conservent la même marche dans chacun des renversements.

89. Cet accord, connu dans la musique moderne sous le nom de *septième de dominante*, est devenu comme la clef de voûte de la tonalité propre à cette musique et du système d'harmonie qu'elle comporte. Les conditions de son emploi sont les mêmes dans l'une et l'autre tonalité, en ce qui concerne la résolution (74, 88). Quant aux deux autres actes constitutifs de la dissonance (73, 75), c'est-à-dire la préparation et la prolongation, il y a disparité complète entre les deux systèmes. Car, 1° dans l'ancienne tonalité, la septième (ou l'intervalle qui la représente dans chacun des renversements) doit toujours être préparée comme toute autre dissonance, tandis que, dans la tonalité moderne, elle peut être attaquée sans préparation; en sorte qu'il n'y a plus en ce cas *prolongation*, mais bien *percussion;* 2° cette même tonalité admet l'emploi de la dissonance sur n'importe laquelle des divisions de la mesure : nous avons vu, au contraire, que, dans l'ancienne pratique, aucune dissonance ne peut tomber que sur celles de ces divisions qui portent accent (75). — Nous devions fournir ces explications, afin de prévenir dans l'esprit de nos lecteurs

toute confusion entre les deux tonalités, comme d'échapper nous-même à tout soupçon d'inexactitude sur un article si essentiel de notre théorie.

90. La dissonance fondamentale de septième a été souvent confondue avec le premier renversement de la neuvième (79), confusion d'autant plus naturelle que, en certains cas, ces deux accords peuvent s'échanger, la préférence donnée à l'un ou à l'autre n'intéressant point en apparence la substance de l'harmonie.

Voici quelques cas où cette confusion semble se produire : la comparaison des exemples suivants *a* et *b* la préviendra, en montrant comment les deux dissonances se ramènent chacune à une harmonie consonnante différente.

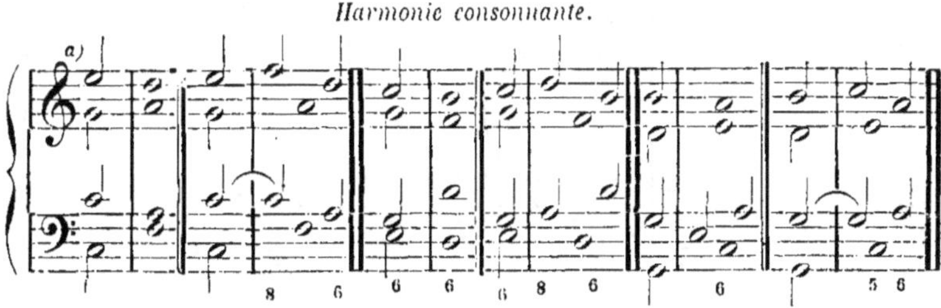

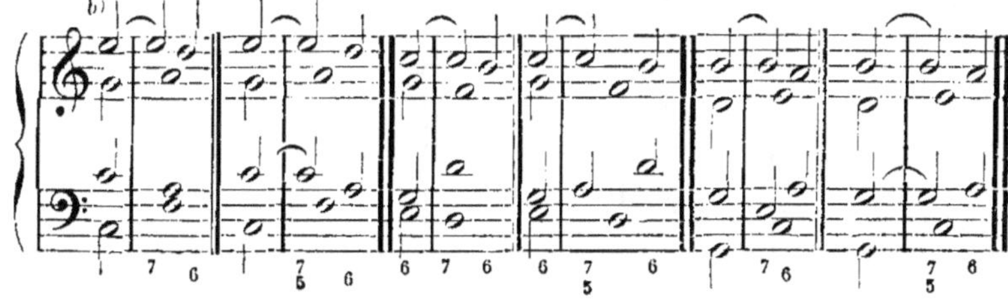

Même harmonie modifiée par les dissonances de 7ᵉ (1ᵉʳ renversement de 9ᵉ et 7ᵉ fondamentale).

L'une et l'autre manière d'écrire a été employée par les anciens contrapuntistes. Celle qui réunit l'intervalle de quinte à celui de septième, moins élégante que celle où ce dernier intervalle accompagne seul la tierce, est rejetée par plusieurs théoriciens modernes.

91. Pour l'application des principes qui viennent d'être exposés sur les dissonances, on s'exercera sur celles de nos basses chiffrées qui se rapportent à cette partie de la science des accords. Cet exercice se pratiquera au clavier et par écrit, ainsi qu'on a dû le faire pour les accords parfaits (57).

On n'oubliera pas non plus de varier les *positions* (29), qui sont les mêmes dans les accords dissonants que dans les consonnants. On observera, à ce sujet, qu'en plaçant presque toujours, dans les exemples qui précèdent, les dissonances aux parties découvertes (72, 77, 79, etc.), on s'est uniquement proposé de rendre la démonstration plus facile, et non d'insinuer le mode le plus régulier ou le plus commun de traiter ces accords.

92. L'exemple suivant, qui reproduit la basse traitée à la fin du chapitre Ier (59), montrera comment les dissonances s'enchaînent régulièrement dans les diverses positions.

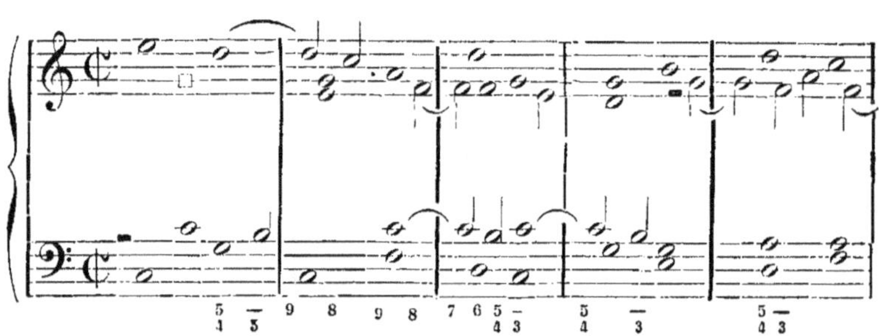

93. Une autre application non moins importante consistera à reprendre les leçons précédentes (57) relatives aux accords consonnants, en introduisant dans l'harmonie toutes les modifications que peuvent fournir les diverses dissonances et que peut comporter la marche de la basse. L'exemple ci-dessus, comparé aux précédents (59), dont il n'est qu'une modification, servira de modèle pour ce genre de travail.

94. Pour en faciliter l'accomplissement, nous allons indiquer, dans l'ordre suivi au chapitre Ier (42, 51, 52), quelles sont les dissonances que l'on peut réaliser sur chacun des mouvements de la basse.

1° D'un accord parfait à un autre : mouvements de quinte, de quarte et de seconde, tant ascendants que descendants (42). Les mouvements de tierce ne donnent lieu à aucune prolongation dissonante.

2° D'un accord de sixte à un autre (51), les seuls mouvements qui peuvent donner lieu à l'emploi d'une dissonance sont les suivants :

3° D'un accord parfait à un accord de sixte et *vice versa*, tant en montant qu'en descendant (52), les mouvements ci-dessous peuvent s'accompagner de prolongations dissonantes :

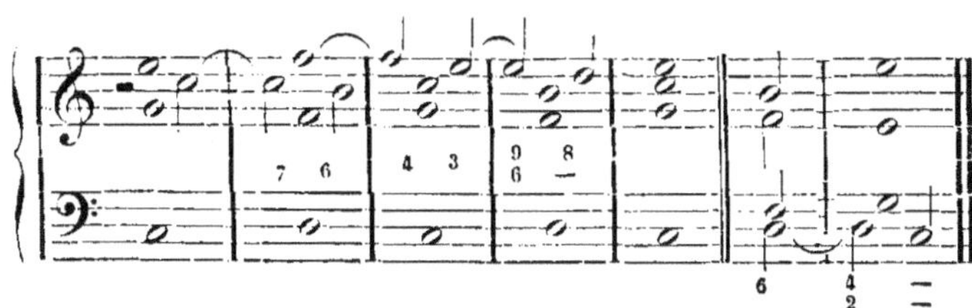

4° **D'un accord parfait ou de sixte à un accord de quarte et sixte, on ne trouve que les mouvements ci-dessous, qui donnent lieu à des prolongations dissonantes :**

§ 2. *Notes de passage.*

95. On donne le nom de *notes de passage* à certaines notes qui, sans faire partie intégrante des accords, soit comme consonnances, soit comme dissonances, peuvent néanmoins concourir à l'effet de l'harmonie.

Soient, par exemple, les trois compositions suivantes (*a, b, c*), qui ne sont que des variations de la même harmonie :

A l'exception de l'avant-dernière mesure, qui renferme une prolongation de quarte (77), l'ex. *a* ne se compose que d'accords consonnants. Quant aux exemples *b* et *c*, la seule modification qu'ils présentent consiste dans une certaine division des figures du premier exemple en notes d'une valeur moindre, et dont plusieurs (celles qui se trouvent marquées d'un astérisque), sont étrangères aux accords sur lesquels elles se font entendre, sans s'y rattacher d'ailleurs en qualité de dissonances, suivant les règles exposées ci-dessus (73-75). Ainsi, la note *si*, dans la 1re et la 2e mesure de l'ex. *b*, ne fait partie des accords d'*ut* et de *fa*, au-dessus desquels elle se trouve placée, ni à titre de consonnance, ce qui n'a pas besoin d'être démontré, ni à titre de dissonance, puisqu'elle n'est point préparée (74), etc. Cette note et toutes celles qui se trouvent dans le même cas sont des *notes de passage*.

L'emploi de ces notes est soumis à diverses conditions, qui vont être exposées.

96. Les notes étrangères à l'harmonie doivent généralement être amenées par degrés conjoints, condition qui se trouve partout remplie dans les ex. *b* et *c* ci-dessus.

97. Il est néanmoins une exception à cette règle. Elle a lieu dans les formules suivantes (ex. *b*), où le saut de tierce (*) a pour origine le retranchement d'une note très-brève dans la formule dont celle-ci est dérivée (ex. *a*). Cette exception est autorisée par l'exemple des plus célèbres contrapuntistes.

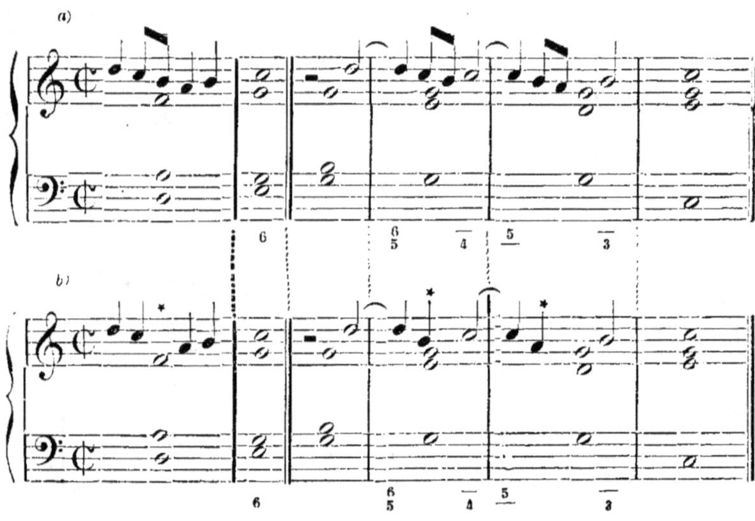

98. Les notes étrangères à l'harmonie ne peuvent être frappées avec l'accord lui-même.

L'exemple suivant, correct suivant la pratique moderne, ne serait donc point admis dans l'ancien contre-point.

99. La règle précédente souffre une exception, dans le cas où il se fait un changement d'accord concordant avec le *temps faible* (75) de la mesure. On peut voir un cas de ce genre dans les ex. *b* et *c* ci-dessus (95), à la 5ᵉ mesure, où l'*ut* du *tenor* heurte soit le *ré** (ex. *b*), soit le *fa** (ex. *c*), que fait entendre le dessus.

Voici encore quelques exemples de cet emploi des notes de passage, auxquelles l'ancienne théorie donnait en ce cas le nom de *notes changées*.

100. La défense de faire procéder par mouvement semblable plusieurs quintes ou octaves consécutives (36) s'applique au cas où ces successions seraient amenées par des notes de passage. Les exemples suivants (*a*) sont donc inadmissibles, bien que les formules dont ils sont dérivés (*b*) soient communément reçues dans la pratique.

101. Cette même défense ne saurait non plus être éludée au moyen de notes de passage. Ainsi l'exemple ci-dessous (*a*), déjà signalé comme fautif (36), parce qu'il fait entendre une suite de quintes entre le *tenor* et la basse, ne serait point corrigé par l'introduction, dans l'une de ses parties, d'une note étrangère à l'harmonie (*), comme dans l'ex. *b*.

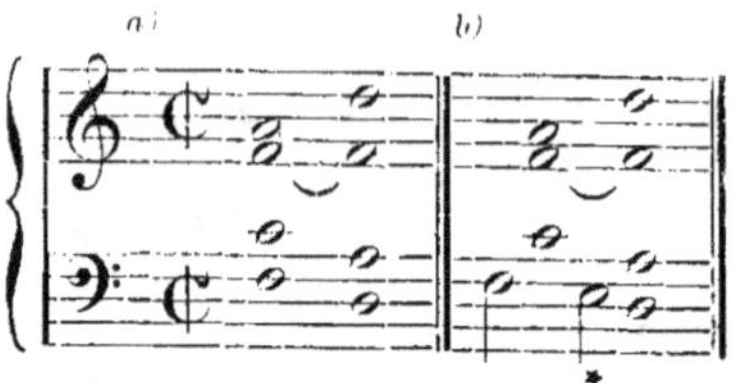

102. On peut encore faire entendre des notes de passage dans plusieurs parties à la fois. Ainsi l'ex. *a* ci-dessus (95) pourrait être modifié de la manière suivante :

On voit, par cet exemple, que partout où les notes de passage existent simultanément dans différentes parties, elles doivent procéder entre elles par intervalles consonnants, bien que dissonantes par rapport aux notes de l'accord sur lequel elles se font entendre.

103. Lorsqu'on introduit des croches dans un trait (en prenant la semi-brève ou *ronde* comme valeur normale), elles doivent procéder par groupes de deux et tomber toujours sur le *temps faible* (75) de la mesure ou sur les subdivisions paires des temps.

Ainsi l'on fera ... et non ...

104. On s'exercera pratiquement sur les notes de passage : 1° en réalisant l'harmonie sur celles de nos bases chiffrées qui en renferment [1]; 2° en introduisant ces sortes de notes dans l'accompagnement des basses déjà traitées soit en consonnances pures, soit avec des dissonances (57, 93).

[1] Voir les *Exercices pratiques* donnés à la suite de ce traité.

CHAPITRE IV.

DES CADENCES.

---

§ I. *Origine et formation des Cadences.*

105. Toutes les successions d'accords dont nous avons donné plus haut la formule (42, 51, 52), n'ont ni la même importance, ni la même destination. Il en est qui, propres à être employées soit au commencement, soit au milieu d'une pièce, ne sauraient la terminer convenablement. Il en est d'autres, au contraire, qui sont particulièrement propres à remplir cette dernière fonction, parce qu'elles sont douées, au jugement de l'oreille et exclusivement à toutes autres formules, de la faculté de faire naître le sentiment du repos.

106. Ces formules reçoivent le nom de *cadences*. Bien qu'on puisse en faire usage en d'autres circonstances, elles sont spécialement destinées à servir de conclusion, soit à une phrase musicale, soit à la pièce tout entière. — **Dans ce dernier cas, la *cadence* est dite *finale*.**

107. Une courte explication historique va faire comprendre la formation des cadences et rendre raison de la classification à laquelle nous avons dû les soumettre.

Les plus anciens contrapuntistes, lorsqu'ils composaient à plus de deux voix, procédaient presque toujours par additions successives de parties : c'est-à-dire qu'après avoir composé un *duo* régulier, ils y ajoutaient après coup une ou deux parties d'accompagnement.

108. Les deux parties, que nous pouvons appeler primitives, observaient invariablement dans les cadences les règles suivantes :

Elles devaient se réunir sur une consonnance d'unisson (*a*), ou d'octave (*b*, *c*), à laquelle elles arrivaient par mouvement contraire, l'une descendant et l'autre montant d'un degré ; en sorte que la consonnance finale était toujours précédée soit d'une tierce (*a*, *b*), soit d'une sixte (*c*).

109. On remarquera, dans les exemples qui précèdent, que l'une des parties procède toujours par demi-ton, soit ascendant, soit descendant, tandis que l'autre descend ou monte d'un ton. C'est encore là une particularité constitutive des cadences ; en sorte que là où l'échelle diatonique ne présente pas naturellement ce demi-ton, il fallait le *feindre* (61), soit dans la partie descendante au moyen du bémol (qui ne pouvait d'ailleurs s'employer que sur le septième degré [66. 1º], soit dans la partie ascendante au moyen du bécarre ou du dièse.

Les formules ci-contre 

devaient donc se réaliser ainsi :

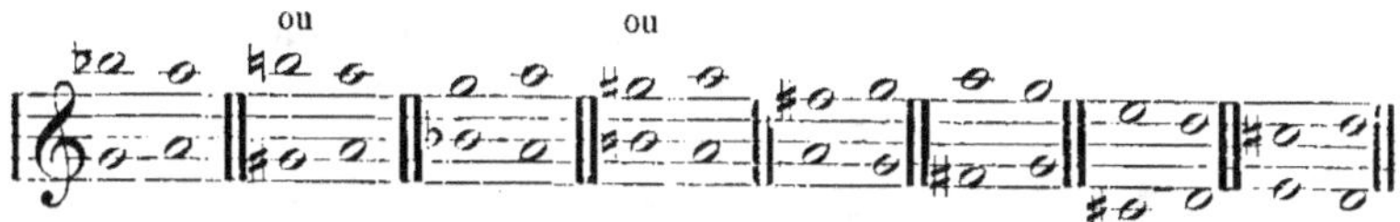

110. Dans le contre-point à trois ou à quatre voix, on ajoutait une ou deux parties aux deux premières, ce qui pouvait avoir lieu de l'une des manières suivantes :

1º Lorsque les deux voix primitives (108) étaient prises l'une et l'autre comme parties supérieures, on ajoutait d'abord une basse descendant de quinte, ou montant de quarte, puis une quatrième partie qui restait sur la même note, à la quinte de la finale. Ainsi, les cadences ci-dessus du 1er degré (108) se traitaient à quatre parties comme dans l'exemple suivant. (Les notes ajoutées sont figurées en noir.)

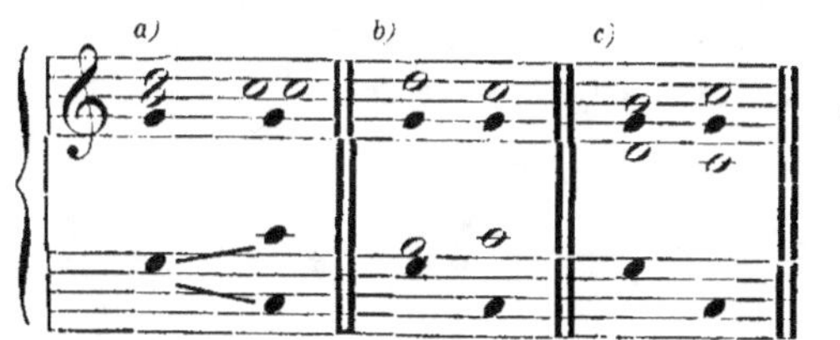

Cette formule reçoit le nom de *cadence parfaite* ou *authentique*. C'est la plus usitée des cadences de conclusion.

2º Si au contraire la plus grave des voix primitives continuait à remplir les fonctions de basse, les parties complémentaires devaient être traitées ainsi qu'il suit :

111. Dans les deux premières hypothèses (*d* et *e*), la tierce mineure (*si-ré*) ne pouvait s'accompagner de la quinte (*fa*), à cause de l'imperfection de ce dernier intervalle (13). Il a donc fallu faire usage de la sixte (*sol*).

Dans la dernière hypothèse au contraire (*f*), on devait accompagner la sixte majeure (*ré-si*) par la tierce mineure (*fa*). L'accord qui résulte de cette combinaison ne se trouve naturellement que sur le 2e degré de l'échelle diatonique (48).

112. Cette dernière formule (*f*) a reçu des anciens contrapuntistes le nom de *cadence à la sixte*. Quoique produisant le sentiment du repos d'une manière moins marquée que la cadence authentique, elle peut aussi s'employer comme cadence de conclusion.

113. Quant à la formule précédente (*d, e,* 110), qui n'est qu'un renversement de la cadence parfaite (*ibid., a, b, c*), opéré par la substitution d'un accord de sixte à l'accord parfait sur l'avant-dernière note de cette cadence, elle a quelque chose de trop vague pour conclure une phrase. Aussi n'est-elle guère employée que dans le courant de la composition, et presque jamais comme formule de terminaison.

114. Les diverses cadences dont on vient de donner la formule peuvent se réaliser ainsi à quatre parties sur tous les degrés de l'échelle diatonique, sauf l'exception déjà signalée au sujet du 7e degré (13), qui, ne pouvant recevoir d'accord parfait, ne peut non plus, par conséquent, servir de basse à l'accord terminal d'une cadence quelconque.

115. Par la même raison, les cadences à deux parties qui se terminent au 3e degré, et dont on a donné plus haut la formule (108), ne peuvent se compléter à trois ou quatre parties en forme de cadence parfaite, mais seulement de l'une des manières suivantes :

116. La seconde formule (*d, e, f*), dans laquelle la basse procède par quarte descendante ou par quinte ascendante, se nomme *cadence plagale.* Elle peut également se pratiquer sur les autres degrés de l'échelle.

117. Outre ces cadences de conclusion, il en est d'autres qui ont aussi reçu le nom de cadences, bien qu'elles aient pour effet de faire naître, non le sentiment du repos, mais bien plutôt celui du mouvement, en indiquant que la phrase harmonique continue. Ces cadences se traitent à quatre parties sur les mêmes formules (108) qui informent les cadences de conclusion.

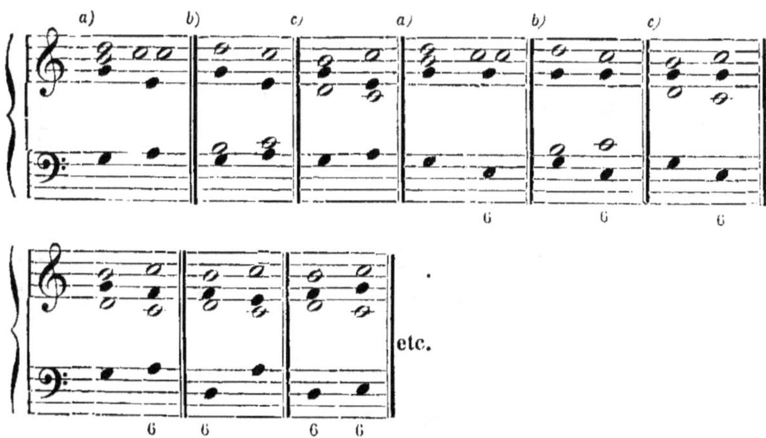

On appelle ces formules *cadences évitées* ou *rompues*, parce que, tout étant préparé pour une cadence de conclusion, la basse fait un mouvement autre que celui qu'attendait l'oreille, et empêche ainsi la cadence de se réaliser.

118. Il peut arriver aussi que la cadence se trouve rompue par le fait d'une partie autre que la basse, comme, par exemple, dans l'hypothèse ci-dessous. L'arc de ligature indique le mouvement qui opère la rupture de la cadence.

On doit particulièrement remarquer cette dernière hypothèse, parce qu'elle constitue une formule souvent employée par les anciens contrapun-

tistes, pour éviter le passage par mouvement semblable de la quinte imparfaite (*si-fa*) à la quinte parfaite (*ut-sol*) entre deux parties supérieures
(36, 49).

119. Dans le contre-point figuré, c'est-à-dire dans ce genre de composition où les différentes parties faisaient entendre des notes de valeurs
différentes, la formule obligée des cadences comportait une dissonance de
seconde résolue sur la tierce ou de septième résolue sur la sixte. Ainsi les
formules ci-dessus (108) se présentaient de la manière suivante :

Cadences du 1er degré.

Cadences du 3e degré.

Quant à la manière de traiter à quatre parties ces sortes de cadences,
elle est absolument la même que pour les formules consonnantes dont elles
ne sont qu'une modification (110, 115). Les seules dissonances dont on y
fasse usage sont :

1º Celle de *quarte et quinte* (**77**), dans l'hypothèse de la cadence parfaite (110, 1º); ex. *a* ci-dessous;

2º Celle de *seconde et quinte* (**77**, ex. *b*, 4ᵉ *mes.*), dans la formule inverse de la cadence parfaite (110, 2º, ex. *a, b*), la dissonance à la basse;
ex. *b ;*

3º Celle de *septième* (**79**, ex. *b,* 3ᵉ *mes.*), dans l'hypothèse de la cadence
à la sixte (110, *c,* 112); ex. *c ;*

4º Celle de *neuvième* (**79**), dans l'hypothèse de la cadence plagale (116);
ex. *d ;*

5º Celle de *seconde et quarte* (**79**, ex. *b,* 4ᵉ *mes.*), dans la formule de
cadence du 3ᵉ degré (115, 1º, *a, b*), la dissonance à la basse; ex. *e ;*

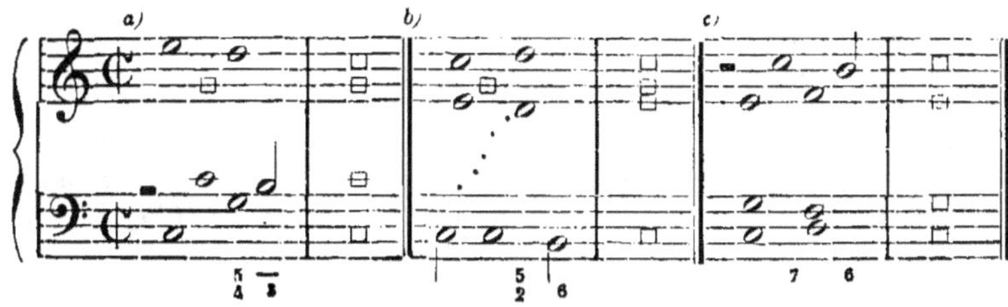

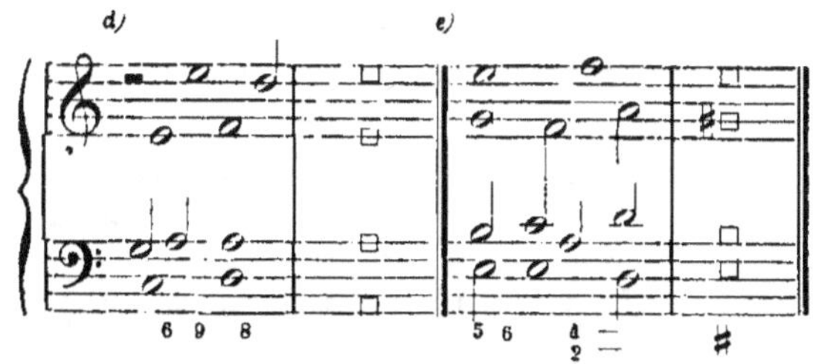

Nous croyons inutile de donner la formule dissonante des cadences rompues (117). Elles se forment exactement de la même manière que les autres, et n'en diffèrent que par le mouvement de basse qui suit la résolution de la dissonance.

120. Pour l'application des notions qui viennent d'être exposées, on s'exercera à compléter à quatre parties sur les modèles ci-dessus (110, 115), les cadences dont on a donné (109) la formule à deux parties, et toutes les autres qui peuvent se pratiquer sur chaque degré de l'échelle.

Le même exercice pourra se faire avec l'emploi des dissonances ou prolongations (119).

§ 2. *Des Actes de cadence.*

121. On appelle *acte de cadence* tout mouvement mélodique dans une partie, principalement dans la basse, qui marque que les autres parties effectuent ou pourraient effectuer une cadence.

Toute cadence suppose nécessairement des actes de cadence dans plusieurs des parties. Mais ces actes de cadence peuvent avoir lieu sans que la cadence se réalise.

122. Ainsi, il y a acte de cadence à la basse toutes les fois que cette partie monte de quarte ou descend de quinte (110, 1°), ce qui est le signe de la cadence parfaite. Mais cette cadence peut être évitée (117) par les autres parties, comme dans l'exemple suivant.

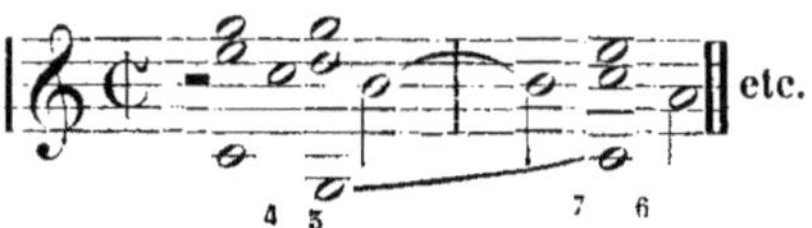

123. Ainsi encore, il y a acte de cadence dans celles des parties qui procèdent entre elles de tierce mineure en unisson, ou de sixte majeure en octave (108), alors même que ledit acte de cadence ne se résout point en cadence proprement dite (117), à raison des mouvements opérés par les autres parties.

124. Un autre cas où l'acte de cadence se trouverait figuré par une ou deux parties, sans qu'il en résultât une cadence réelle, serait celui où la partie montant à l'octave procéderait, non par seconde mineure (109), mais par seconde majeure. (Dans les exemples qui suivent, ce dernier mouvement est indiqué par l'arc de ligature.)

125. A moins d'une raison particulière qui oblige la partie supérieure à faire ce mouvement, il vaudrait mieux, en ce cas, donner aux accords une disposition telle que l'impression de l'acte de cadence se trouvât autant que possible affaiblie, comme, par exemple :

On a déjà indiqué (45) un cas où ce procédé se trouve mis en pratique, celui où la basse procède du 2e degré au 5e, et réciproquement.

§ 3. *Pratique des cadences.*

126. L'exposé historique qui précède nous a fait reconnaître cinq formules principales de cadences, respectivement déterminées par le mouvement de basse propre à chacune d'elles. Nous reproduisons sous une forme plus simple l'exemple ci-dessus (119), qui les résume toutes.

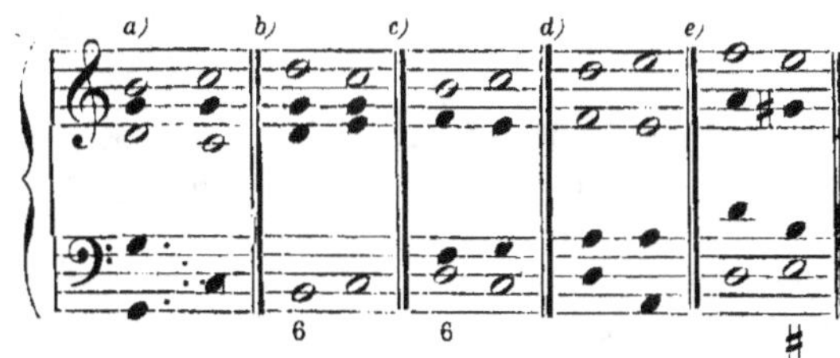

a) Cadence *authentique* ou *parfaite* (110, *a, b, c*).

b) Cadence inverse de la cadence parfaite (110, *d, e*).

c) Cadence à *la sixte* (110, *f,* 112).

d) Cadence plagale (116).

e) Cadence directe du 3e degré (115, *a, b*).

127. De ces quatre formules, deux (*a* et *d*) présentent cette particularité, que l'accord sur lequel elles se terminent reste forcément incomplet, par suite de la marche obligée de l'une des voix primitives (108). En sorte que, pour compléter l'harmonie, il faut nécessairement modifier la conduite de l'une de ces parties (*) et procéder ainsi qu'il suit, ou d'une manière analogue :

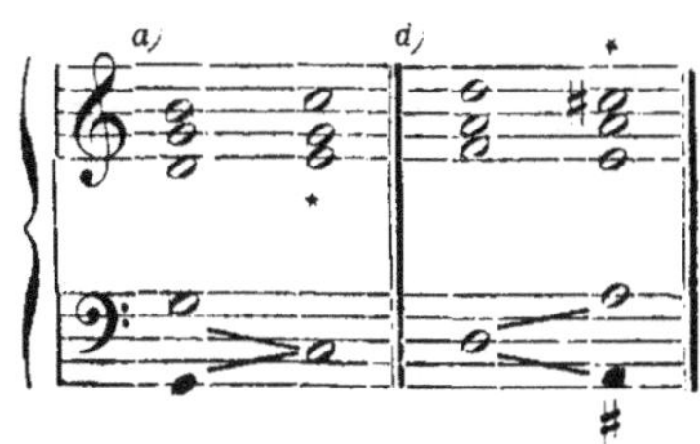

128. Les cadences de conclusion ayant pour but de faire naître dans l'esprit de l'auditeur un sentiment de repos plus ou moins prononcé (105), on conçoit qu'elles doivent nécessairement s'établir sur l'accord parfait, dans la composition duquel il n'entre que des consonnances directes, dont on a déjà expliqué la propriété à cet égard (7). Par le même motif, la tradition des anciennes écoles va jusqu'à exclure de cette fonction l'accord parfait mineur (11), à cause de sa tierce, qui ne porte pas avec elle une impression assez énergique de conclusion (8). Quoique cette exclusion, que la pratique actuelle n'a point consacrée, ne soit point fondée sur un besoin absolu de l'oreille, il nous paraît bon néanmoins de la maintenir, parce qu'elle contribue pour sa part à conserver à l'ancien système d'harmonie, que nous exposons ici, un caractère particulier qui en fait reconnaître tout de suite l'origine et la destination.

En conséquence de ce principe, toute cadence de conclusion qui viendrait à se terminer sur l'un des trois accords naturellement mineurs de l'échelle (12), c'est-à-dire sur celui du 2ᵉ, du 3ᵉ ou du 6ᵉ degré, devra amener, si l'harmonie est complète, l'altération momentanée par le dièse de la tierce de ces accords, ainsi qu'on l'a pratiqué dans deux des exemples ci-dessus (126, *e ;* 127, *d*).

129. Lorsque, par l'effet de la marche obligée de certaines parties, on ne pourra compléter le dernier accord, on procédera à la manière des anciens contrapuntistes (126, *a, d*), qui, ainsi qu'on l'a figuré dans ces exemples, préféraient généralement, pour l'accord de conclusion, l'harmonie de la quinte à celle de la tierce. Cependant, lorsque cet accord était naturellement mineur, ils donnaient souvent la préférence à la tierce sur la quinte, mais en l'altérant par le dièse (128); en sorte que les deux formules ci-dessous se trouvent également justifiées par l'exemple des anciens maîtres.

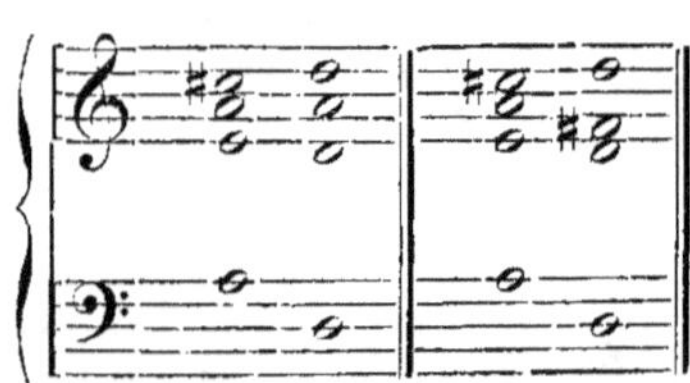

130. Voici le tableau de toutes les cadences *authentiques, plagales* et *à la sixte* qui peuvent se réaliser sur chacun des degrés de l'échelle (114) :

131. La cadence authentique fait défaut au 3ᵉ degré, faute d'un accord parfait qui ne peut se former sur le 7ᵉ (13), et qui serait nécessaire pour constituer la cadence du 3ᵉ.

La cadence plagale fait défaut au 4ᵉ degré par la même raison, et aussi par suite de l'impossibilité de faire tomber la basse du 7ᵉ degré au 4ᵉ, par un intervalle de quarte excédante.

La cadence à la sixte fait défaut au même 4ᵉ degré, le pénultième accord de cette cadence réclamant une tierce mineure au lieu de la tierce majeure qui se forme naturellement sur le 5ᵉ degré.

132. Les cadences *plagale* et *à la sixte* du 4ᵉ degré peuvent d'ailleurs se réaliser à l'aide du *si* ♭ (13). Mais il y a, en ce cas, pour parler le langage des anciens théoriciens du plain-chant, un changement de *propriété*, par lequel le 4ᵉ degré prend momentanément le rôle du 1ᵉʳ, et le 7ᵉ celui du 4ᵉ. Ex. *a* et *b* ci-dessous.

Par la même raison, la cadence plagale du 2ᵉ degré (ex. *c*), avec le pénultième accord mineur, et la cadence à la sixte du 6ᵉ, avec le *si* ♭ au pénultième accord (ex. *d*), appartiennent respectivement en réalité aux 6ᵉ et 3ᵉ degrés de l'échelle transposée.

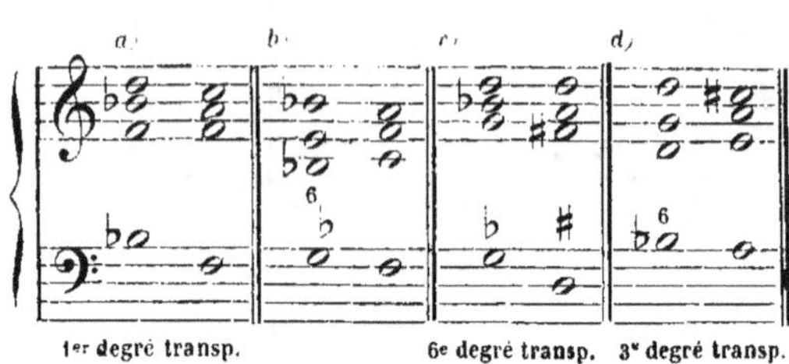

133. Les cadences inverses , dans lesquelles la basse monte d'un degré (113), se placent respectivement sur les mêmes degrés de l'échelle que les cadences dont elles dérivent. Elles se formulent sur tous les degrés par un accord de sixte suivi d'un accord parfait, excepté sur le 3ᵉ (126 *e*).

Ces formules, à l'exception de celle du 3ᵉ degré, n'ayant pas généralement le caractère de cadences de conclusion, nous ne les avons pas terminées, comme les précédentes, par l'accord majeur (128) sur les degrés qui ne comportent pas naturellement cet accord.

§ 4. *De l'Usage des altérations dans les cadences.*

134. En examinant le tableau général des cadences que nous avons donné ci-dessus (130), on observera que, sauf le premier degré, sur lequel s'établissent naturellement une cadence parfaite et une cadence à la sixte, et le quatrième, qui comporte également une cadence parfaite, il n'est aucun degré de l'échelle sur lequel ces formules puissent être réalisées, sans nécessiter l'emploi du dièse, soit à l'accord pénultième, pour élever d'un demi-ton la tierce ou la sixte (109), soit au dernier accord, pour substituer la tierce majeure à la tierce mineure. si l'on tient à rester fidèle à l'ancienne tradition (128).

135. Cette dernière altération est fondée plutôt sur une convention de style que sur une exigence positive de l'oreille. Il n'en est pas de même de celle du pénultième accord. En effet, c'est une règle absolue, selon les principes, non pas seulement de la tonalité moderne, mais aussi de celle-là même sous l'empire de laquelle se trouvaient placés les anciens contrapuntistes, que l'accord final (majeur ou mineur, comme on voudra). sur quelque degré de l'échelle qu'il vienne à tomber, soit précédé d'un accord parfait majeur, dans l'hypothèse de la cadence parfaite, ou d'un accord de sixte majeure, dans celle de la cadence de ce nom. On a vu plus haut (109) que les altérations nécessitées par l'observation de cette règle sont fondées sur les lois primitives du contre-point, et doivent par conséquent être regardées comme tout à fait en dehors d'influences tonales qui n'ont commencé à se faire sentir que beaucoup plus tard.

Aussi, dans l'ancienne tonalité, pas plus que dans celle qui règne aujourd'hui, les formules ci-dessous ne peuvent-elles recevoir la qualification de cadences, ni en usurper l'emploi, attendu qu'elles ne portent avec elles aucun sentiment de conclusion :

A moins qu'elles ne soient modifiées par l'altération ascendante, comme ci-dessous :

136. Mais ce n'est pas seulement dans les cadences de conclusion que les règles de l'ancien contre-point exigent l'emploi de l'altération ascendante. Elles posent en principe général que les CONSONNANCES MINEURES DEMANDENT A DESCENDRE COMME LES MAJEURES A MONTER. Ce qui ne s'entend que du mouvement de celle des parties supérieures qui fait soit la tierce d'un accord parfait, soit la sixte d'un accord de sixte majeure ; car, s'il s'agissait du mouvement de la basse, dans l'hypothèse d'un accord de

sixte mineure, il faudrait, comme on va le voir, renverser la formule.)
De là on inférait :

1ᵒ Que, dans tout acte de cadence parfaite, même non achevé (117), la tierce naturellement mineure d'un accord parfait ne pouvait être suivie, dans la même partie, de sa note supérieure, sans être élevée d'un demi-ton (ex. *a* ci-dessus et ci-dessous); ce qui avait lieu également dans la cadence inverse (133), pour la note de basse (ex. *b* ci-dessus);

2ᵒ Que, dans le cas de la cadence à la sixte (112), il fallait avoir recours soit à l'altération ascendante (ex. *c* ci-dessus et ci-dessous), soit à l'altération descendante, mais seulement sur le 7ᵉ degré (66, 1ᵒ). Dans ce dernier cas, l'emploi du ♭ mol pouvait avoir lieu en dehors des circonstances mélodiques requises par les règles du plain-chant (13). On trouvera ci-après (151, *c*) un exemple d'altération descendante qui se rapporte à cette hypothèse.

Ainsi les actes de cadence ci-dessous :

devaient s'exécuter ainsi :

137. Telle est, au sujet des altérations ascendantes, la doctrine des anciens contrapuntistes, doctrine plus facile à saisir en elle-même qu'à appliquer aux divers cas qui peuvent se présenter. La raison en est qu'en ce point l'usage était de s'en rapporter à la discrétion des exécutants, les signes d'altération demeurant presque toujours sous-entendus, ce qui laisse quelques doutes sur l'étendue à donner à l'application des règles qui viennent d'être exposées, aussi bien que sur les cas d'exception qui peuvent en dispenser.

Nous pensons que ces motifs d'exception doivent être cherchés moins dans les relations harmoniques que dans la conduite mélodique de la partie qui fait entendre la note altérable.

138. On ne saurait donc supposer aucune altération, soit ascendante, soit descendante, là où cette altération aurait pour effet d'introduire dans la mélodie un intervalle prohibé par les règles du plain-chant (23, 69). Ainsi, dans les hypothèses suivantes :

on ne pourrait diéser les notes marquées d'un astérisque sans faire naître les intervalles de quinte imparfaite ou de triton (*a*), de quarte diminuée (*b*), de seconde augmentée (*c*), et de demi-ton chromatique (*d*, *e*, *f*).

139. Par contre, la relation mélodique, directe ou indirecte, du *fa* au *si* (13), d'où naîtrait l'intervalle prohibé de triton, rend nécessaire l'altération ascendante, là du moins où l'altération descendante ne saurait avoir lieu.

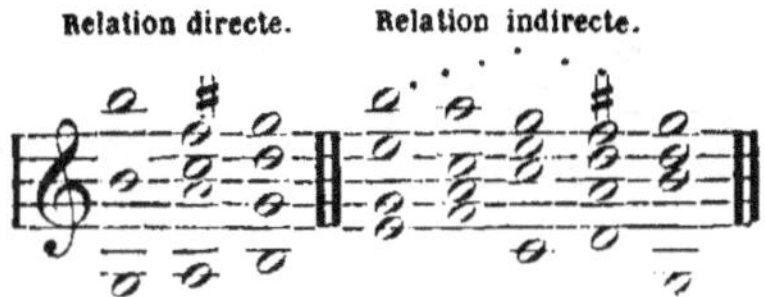

140. Lorsque l'altération ne doit introduire dans la mélodie aucun intervalle prohibé, nous pensons qu'on doit se guider par la règle suivante, qui est dans l'esprit de l'ancien contre-point, en ce qu'elle a pour but de faciliter l'intonation vocale :

L'altération est d'autant plus recevable que la distance à franchir, pour arriver à la note altérable, s'en trouve diminuée davantage.

141. Ainsi se justifie, dans les hypothèses ci dessus, (135, 136), l'altération pratiquée à l'avant-dernier accord, la note qui en est affectée ne se trouvant plus distante de la note précédente que d'une seconde mineure, au lieu de la seconde majeure qui existait entre elles avant l'altération.

142. Si l'on applique cette règle aux hypothèses ci-dessous (dans lesquelles la note altérable est toujours surmontée d'un astérisque),

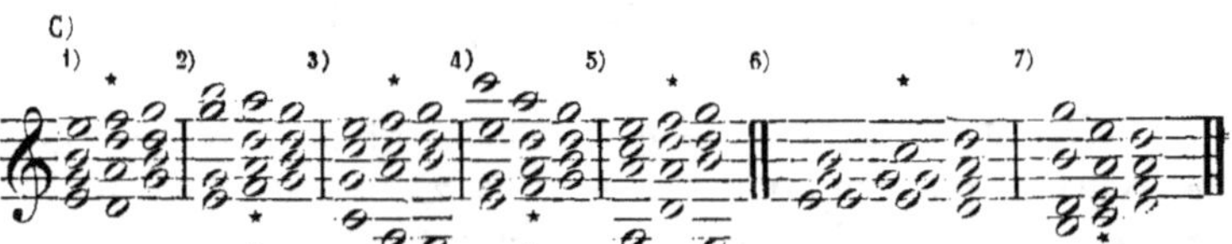

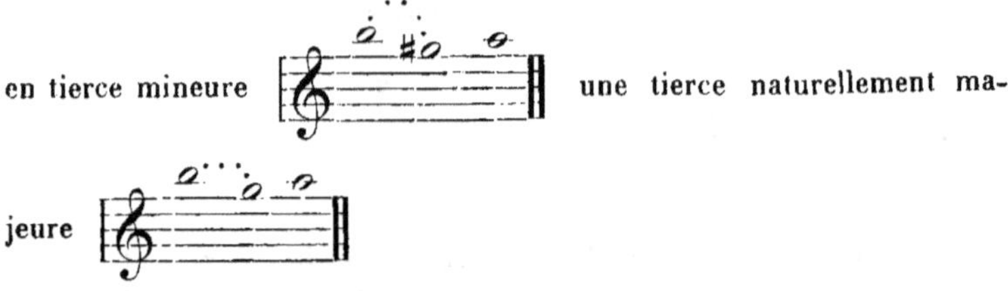

on arrivera aux conclusions suivantes :

1° Dans les hypothèses de la première catégorie (A), et autres semblables, l'altération ascendante devra toujours avoir lieu, son effet étant de changer

en tierce mineure 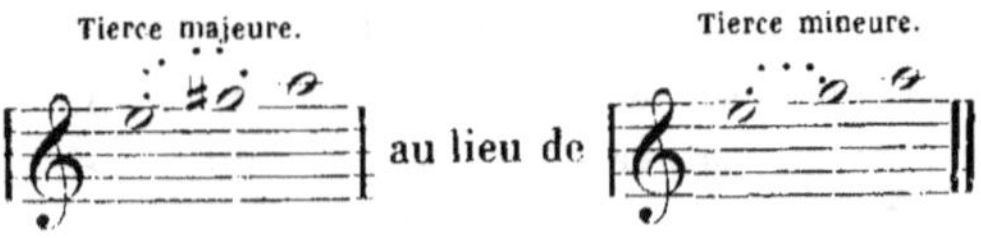 une tierce naturellement ma-

jeure

2° L'altération ne pourra avoir lieu dans les hypothèses de la deuxième catégorie (B), attendu qu'elle aurait un effet tout contraire, et que l'intonation s'en trouverait gênée, ainsi qu'il est facile de le constater :

au lieu de

3° La même solution s'applique à notre troisième catégorie, marquée **C**, l'altération ayant pour effet, dans ce cas, de transformer une seconde mi-

neure 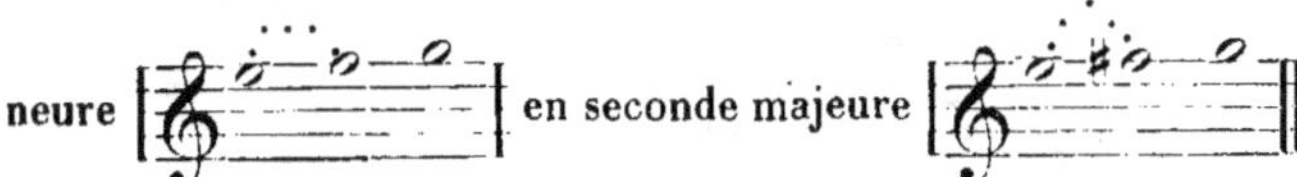 en seconde majeure

143. Néanmoins, la substitution de la seconde majeure à la seconde mineure ne rendant pas généralement l'intonation plus difficile, il est facultatif en ce cas de suivre la règle (136, 1°) ; ou plutôt, on doit se guider par la considération des relations harmoniques de la note altérable avec celles des accords voisins, sauf le cas, bien entendu, de la cadence de conclusion, dans lequel l'altération doit toujours avoir lieu.

144. Ainsi, dans les deux premières hypothèses de la catégorie **C** ci-dessus (142), le *fa* naturel formant une double relation de quinte imparfaite ou de triton avec le *si* des accords voisins 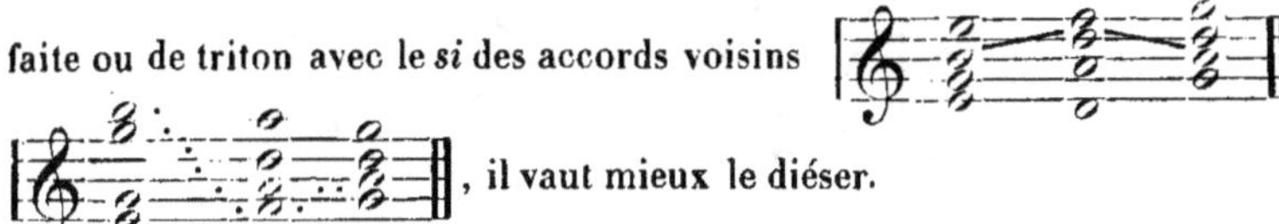

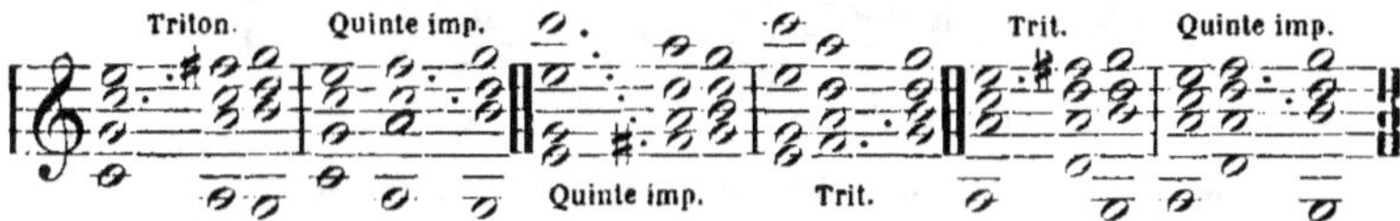, il vaut mieux le diéser.

145. Dans les trois hypothèses suivantes, on a le choix entre une relation de triton avec la tierce de l'accord précédent, et une relation de quinte imparfaite avec celle du suivant, ou *vice versa*.

En pareil cas, on doit opter pour le parti qui sauve la succession régulière des deux derniers accords, c'est-à-dire pour l'altération du *fa*.

Si, au contraire, cette altération ne devait point se réaliser, il serait à désirer que l'harmonie se trouvât alors disposée de manière à éviter la succession des deux tierces majeures ou sixtes mineures, par mouvement semblable (45), qui a lieu, soit entre deux parties hautes, soit entre la basse et une autre partie, dans ces trois hypothèses : ce que l'on obtiendrait en disposant l'harmonie de telle sorte que ces deux intervalles se fissent entendre dans deux parties différentes, comme ci-après :

146. La troisième et dernière hypothèse n'est pas susceptible de correction, à cause du double acte de cadence qu'elle renferme, et d'où il ré-

sulte qu'on n'y peut détruire, par l'altération du *fa*, la succession des **deux
sixtes mineures** entre les deux derniers accords, sans en faire naître une
de deux tierces majeures entre les deux premiers :

147. Enfin, il est des hypothèses où l'altération ascendante ne peut se
réaliser sans une manifestation expresse de l'intention du compositeur. Il
s'agit de certaines cadences rompues dans lesquelles cette altération donne
lieu à une relation de triton entre la note qui en est affectée et l'une de
celles de l'accord suivant. En voici les formules :

Les notes marquées par l'astérisque ne pourraient être diésées sans que
cette relation s'établît de la manière suivante :

Les anciens contrapuntistes n'ont pas eu de scrupule de pratiquer l'altération dans ce cas-là même ; mais alors ils n'en laissaient point le signe
sous-entendu.

148. On doit conclure de ce qui précède que le motif de faire cesser
une relation de triton ou de quinte imparfaite entre deux parties est loin
d'avoir été pour les anciens contrapuntistes aussi impérieux que paraissent
le croire ceux qui jugent de cette époque de l'art, plutôt d'après certains
principes formulés dans les traités, que d'après les compositions elles-
mêmes.

Telles sont les solutions que nous croyons devoir proposer à ceux qui
se plaindraient (et non sans quelque raison) de ne pas trouver dans les
anciens traités de contre-point une formule suffisamment pratique de
l'emploi des altérations ascendantes, la règle générale que nous avons rappelée ci-dessus (136) restant évidemment sans application dans un grand
nombre de cas, quoique présentée d'une manière absolue et sans correctifs
par tous les auteurs.

§ 5. *Circonstances accessoires des cadences.*

149. Bien que, considérées en elles-mèmes, les cadences, mème de conclusion, ne comportent pas plus de deux accords , on comprend néanmoins qu'elles ne produisent leur effet, en tant que destinées à faire naître le sentiment du repos (105), qu'à proportion des circonstances mélodiques et harmoniques qui concourent à leur formation.

Il serait impossible d'énumérer toutes ces circonstances, dont un certain nombre ressortiront d'ailleurs de la suite de ce travail. Nous nous bornerons quant à présent à en faire connaître une dont la considération n'est pas sans importance, en ce qu'elle sert à déterminer l'usage qu'on doit faire de l'un des accords de notre nomenclature.

150. L'intervalle de quarte, étant de sa nature suspensif (8), est par cela mème éminemment propre à servir de préparation à la cadence parfaite qu'il annonce et fait désirer. Amenée de cette manière, celle-ci prend un caractère de conclusion plus marqué, soit que la quarte se trouve employée à l'état de consonnance, c'est-à-dire comme faisant partie du second renversement de l'accord parfait, ou accord de *sixte et quarte* (54), soit qu'elle paraisse en qualité de dissonance, comme retard de la tierce, dans l'accord de *quarte et quinte* (77).

Les deux derniers exemples appartiennent spécialement au genre de la composition mesurée, ou *contre-point figuré* (119). Le premier, se composant uniquement d'accords consonnants, ne sort point des limites du contre-point de *note contre note.*

Dans cette dernière espèce de contre-point, les cadences ainsi annoncées doivent se conclure immédiatement, et non s'arrêter avant la conclusion, ni se convertir en cadences évitées (117), dont l'emploi, habituel dans la composition mesurée, est beaucoup plus restreint dans celle que nous avons spécialement en vue dans le cours de ce traité.

Ainsi les exemples suivants, bien que satisfaisant à toutes les règles de l'harmonie, ne devront point être imités.

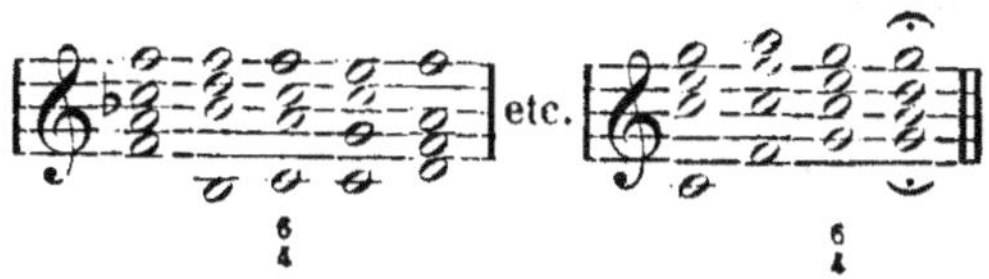

Mais on donnera la préférence aux formules suivantes , ou autres analogues, dans lesquelles l'accord de sixte et quarte ne se trouve point employé.

151. Le sentiment de repos produit par une cadence de conclusion (105), a pour effet d'isoler, pour ainsi dire, la période que termine cette cadence de celle qui lui succède; en sorte qu'entre le dernier accord de la cadence et le premier de la période suivante, il peut y avoir un défaut de liaison tel qu'il aille même jusqu'à dispenser de plusieurs des règles de succession ci-dessus posées.

Ainsi : 1° on ne tient aucun compte des fausses relations (70) qui peuvent se produire entre les deux accords séparés par le repos de la cadence, fausses relations qui sont ordinairement le résultat de la tierce majeure accidentelle du dernier accord (128);

2° On opère de même à l'égard des intervalles exclus du plain-chant (69), qui peuvent se rencontrer dans la conduite mélodique des parties d'accompagnement :

(Les exemples suivants sont tirés de Faux-Bourdons [1] anciens et usités en France.)

a) Demi-ton chromatique.　　*b)* Quarte diminuée.

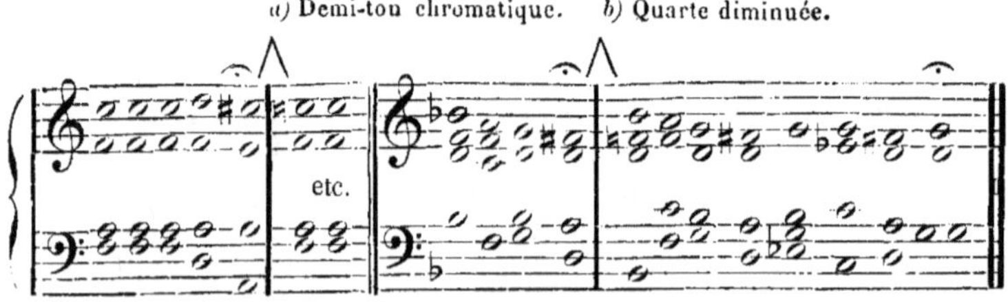

[1] Nous n'avons pas besoin d'avertir que ce mot est pris dans l'acception reçue aujourd'hui, acception toute différente de celle qui a été signalée au n° 49.

3° On tolère, dans les mêmes conditions, deux quintes et même deux octaves consécutives (36) :

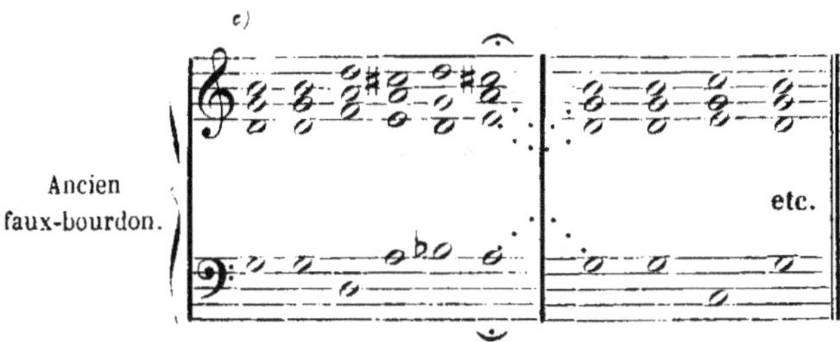

Ancien
faux-bourdon.

Les mêmes licences peuvent s'observer dans les exemples suivants, extraits des œuvres d'habiles contrapuntistes du XVI siècle.

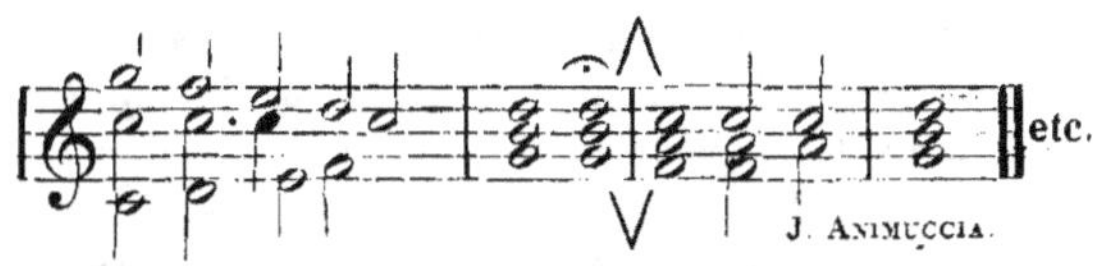

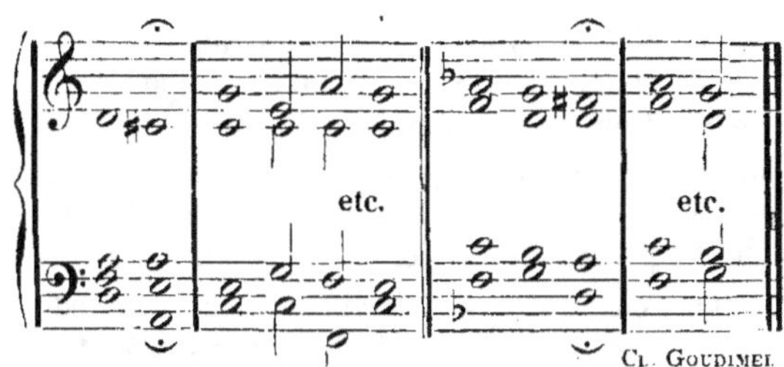

De pareilles licences ne peuvent se justifier qu'à la condition qu'on établisse dans l'exécution une séparation très-marquée d'une période à l'autre, ce qui s'obtient par l'interposition d'un silence équivalent au moins à la durée de la note la plus communément employée dans le cours de la pièce.

DEUXIÈME PARTIE.

CHAPITRE PREMIER.

APPLICATION DE L'HARMONIE AU PLAIN-CHANT.

§ 1. *Du Placement du chant dans les différentes parties.*

152. Dans la première partie de ce traité, nous nous sommes bornés à faire connaître les règles de l'harmonie, de celle-là du moins qu'ont exclusivement pratiquée les anciennes écoles (1), sans nous proposer d'autre objet que la succession des accords considérés en eux-mêmes, et abstraction faite de toute donnée mélodique autre que celle qui résulte, pour chacune des parties, de la manière dont cette succession se trouve réalisée. (21).

Dans cette première hypothèse, il n'y a qu'une seule partie, celle de basse, qui ait une marche déterminée d'avance. Les autres se forment d'après elle et se tirent du fonds commun de l'harmonie.

Si, au contraire, l'une de ces parties ne fait que reproduire un chant donné, auquel les autres, y compris la basse, servent d'accompagnement, c'est à cette partie principale que doit se rapporter toute l'harmonie.

153. Pour nous rendre compte de la différence du travail de l'harmoniste dans chacune de ces deux hypothèses et de la manière dont le chant donné entre dans le tissu de l'harmonie, supposons que nous ayons à accompagner la mélodie suivante :

Si nous donnons pour accompagnement à cette mélodie l'harmonie de l'exemple qui termine le chapitre 1er de notre première partie (59), nous obtiendrons le résultat ci-après :

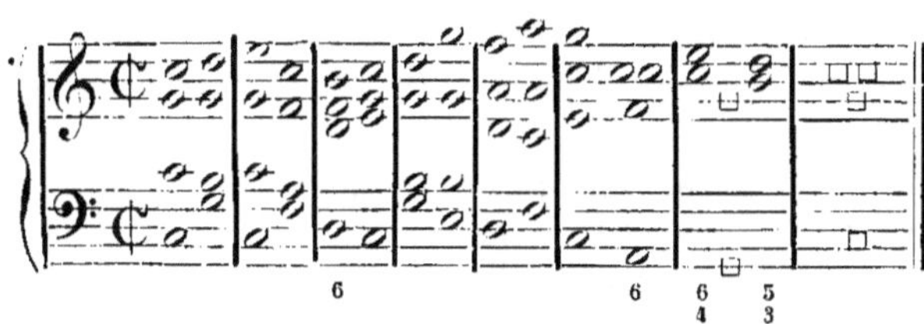

154. On ne doit pas s'arrêter, dans ce dernier exemple, à l'écartement trop considérable qui se remarque en quelques endroits entre les parties, et dont le principal inconvénient serait de rendre une telle composition à peu près inexécutable sur l'orgue, sans l'aide du clavier de pédales. Ce défaut est le résultat de la contrainte à laquelle nous nous sommes soumis en tirant tout notre accompagnement d'une formule harmonique imposée d'avance, contrainte qui constitue un exercice utile pour se rompre aux difficultés de la composition harmonique, mais qui ne se représente guère dans la pratique commune.

Nous conseillons toutefois à ceux qui se proposeront d'étudier l'harmonie d'après le présent traité, de se soumettre à cette contrainte en recommençant le travail qu'ils ont dû faire sur nos *basses chiffrées* (57), mais cette fois avec l'obligation d'y faire entrer le *chant donné*, dont ils n'avaient d'abord point dû tenir compte. Rien de plus propre qu'un pareil exercice à aplanir les difficultés que l'on rencontre inévitablement lorsqu'on a tout à la fois à créer la basse et à disposer les parties d'accompagnement qui en dérivent. Mais il ne faudrait pas l'entreprendre avant de s'être rendu familiers, par la pratique, les principes exposés dans la première partie de cet ouvrage.

155. En principe, il n'est aucune des parties qui ne puisse être chargée de faire entendre le chant. La préférence accordée pour cet objet à l'une d'entre elles donne lieu à deux hypothèses principales :

Ou le chant se trouve placé à la basse, ou il est rendu par l'une des parties supérieures.

156. Dans le premier cas, le travail de l'harmonie est à peine différent de celui que nous avons proposé (57) comme application des principes développés dans la première partie de ce traité.

Il faudra seulement tenir compte de ce fait, que, le plain-chant procédant plus souvent par degrés conjoints que par degrés disjoints, tout au contraire des basses ordinaires (**22**), l'harmonie réalisée sur ce chant pris pour basse doit avoir par là même un caractère particulier.

157. Si, au contraire, le chant se trouve placé à l'une des parties supérieures, le travail de l'harmoniste consistera à trouver une basse propre à accompagner ce chant et à disposer d'après elle tout le reste de l'harmonie.

Nous laisserons de côté pour le moment la première hypothèse, celle du chant à la basse, sauf à y revenir plus tard, et nous nous attacherons spécialement à la seconde, dans laquelle le chant est placé à l'une des parties supérieures.

158. Cette hypothèse peut se réaliser elle-même de trois manières différentes (l'harmonie étant censée à quatre parties), selon que le chant se trouve placé au dessus, au *tenor* ou à l'*altus* (**20**). Nous considérons ces trois cas comme constituant chacun plutôt une variété de la même hypothèse qu'une hypothèse distincte, ce qu'il y a de fondamental en cette matière étant le fait de la basse placée sous le chant, et non la région plus ou moins grave ou aiguë dans laquelle celui-ci se fait entendre.

159. Dans la pratique, le cas le plus commun est le placement du chant à la partie la plus élevée, ou *dessus*, ainsi qu'on l'a figuré dans l'exemple ci-dessus (**153**). C'est à ce système, suivi par la plupart des organistes chargés d'accompagner le plain-chant, que se rapporteront le plus habituellement nos démonstrations.

160. Le système qui place le chant au *tenor* s'emploie avec avantage dans la composition vocale. Il a été suivi de préférence, quoique non exclusivement, par les anciens contrapuntistes, spécialement par ceux à qui l'on doit les *faux-bourdons* (**151**) encore en usage dans les églises.

Dans l'exécution sur le clavier, ce système est d'une application difficile, l'oreille ne pouvant guère dégager de l'accompagnement dont il est entouré un chant confié à une partie intermédiaire, à moins que cette partie ne se distingue de la masse par le timbre ou l'intensité de l'agent sonore auquel elle est confiée. Ce dernier résultat, ne pouvant être obtenu sur l'orgue que moyennant certaines combinaisons de claviers et de registres qui supposent un instrument déjà compliqué et un organiste très-exercé, reste par conséquent en dehors des limites de l'application élémentaire que nous avons principalement en vue dans le cours de ce travail.

L'exemple qui suit, reproduisant, avec la même harmonie, le chant traité plus haut (**153, 59, 92**), fera sentir en quoi ce cas rentre dans le précédent et en quoi il en diffère.

(Les notes en forme de losanges sont celles du chant.)

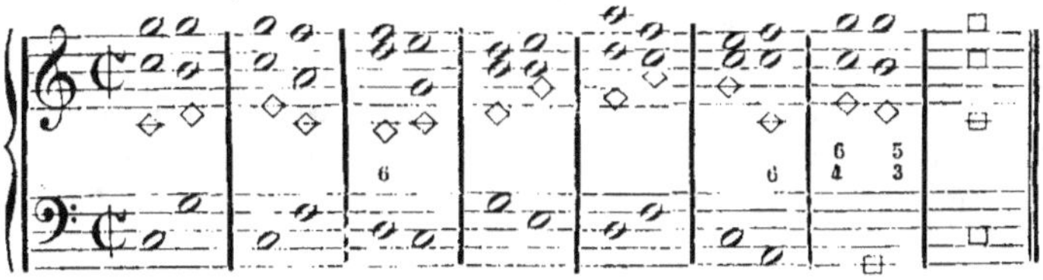

161. Quant au placement du chant à l'*altus*, peu usité dans la composition vocale et impossible à réaliser sur l'orgue dans des conditions de sonorité convenable (160), nous nous contenterons d'en donner un exemple, qu'on trouvera plus loin (166).

§ 2. *Des différentes espèces d'accompagnement du plain-chant.*

162. Quelle que soit la partie qui fasse entendre le plain-chant, l'accompagnement dont celui-ci se montre revêtu peut être conçu dans deux systèmes tout différents, quant aux rapports de la mélodie principale et des voix concomitantes :

1° Ou chacune des parties d'accompagnement ne fait que suivre le chant pas à pas et n'émet pour chaque note de celui-ci qu'une seule note de même durée;

2° Ou ces mêmes parties peuvent faire entendre successivement plusieurs notes de moindre valeur sur chaque note du chant.

163. Dans le premier cas, on ne peut, sans sortir des données sur lesquelles nous opérons (1), employer d'autres accords que ceux qui forment le domaine de l'harmonie consonnante;

Dans le second cas, bien qu'en principe rien n'empêche qu'on se renferme exclusivement dans les limites de cette harmonie, deux ou plusieurs accords consonnants pouvant toujours se succéder sur chaque note du chant, la pratique universelle et la tradition des anciennes écoles veulent en outre qu'on fasse usage des prolongations (**72** *et suiv.*) et des notes de passage (**95** *et suiv.*) qui servent à modifier l'harmonie consonnante.

164. Mais, ces modifications ne s'opérant qu'à la condition d'introduire dans les accords qu'elles affectent un élément métrique qu'ils ne possèdent point par eux-mêmes, et qui se trouve constitué par la distinction et le jeu réciproque des temps forts et faibles (75,99), il en résulte que le chant ainsi accompagné sort nécessairement par là du domaine de la musique *plane* (c'est-à-dire dénuée de mesure), pour entrer dans celui de la musique *mesurée*, et cela que les notes dont il se compose conservent entre elles la proportion d'égalité, ou qu'elles reçoivent de la fantaisie du musicien des attributions de valeurs temporaires rationnellement inégales.

165. Le premier système constitue ce que l'on appelle *contre-point sylla-bique* ou *de note contre note* (150). Les compositions vocales de cette espèce, écrites sur des chants simples et peu chargés de notes, reçoivent communé-ment le nom de *faux-bourdons*[1], mais dans un sens tout différent de celui qui a été précédemment indiqué (49). Les exemples ci-dessus (153, 160) rentrent dans cette catégorie.

166. Le second a donné naissance au *contre-point figuré* (119). Les exemples du chapitre III de la première partie appartiennent tous à cette espèce de contre-point, ainsi que la composition suivante, qui reproduit le chant et la basse déjà traités précédemment (160, 153, 92, 59).

167. La division rationnelle du temps, dont l'application à l'élément du son produit la musique mesurée, entre nécessairement, comme on l'a vu, dans la constitution intrinsèque du contre-point figuré, telle qu'elle résulte

---

1 On doit rattacher à ce genre de musique les anciens chorals des églises réformées, arrangés en contre-point de note contre note par d'habiles compositeurs du XVIᵉ siècle. (V. Rousseau, vᵒ Faux-Bourdon.)

Ce sont ces mêmes chorals que l'auteur de divers écrits estimables sur le plain-chant a jugé à propos de qualifier *d'ennuyeuses et plates mélodies*, en ajoutant l'étrange assertion qui suit. « Gläréan nous apprend, dans son *Dodécachordon*, que les plus illustres musi-» ciens de son temps ont travaillé à la rédaction de ces chants, qui devaient servir aux » églises prétendues réformées. *Si le fait est vrai, il révèle bien peu de talent musical chez* » *les musiciens d'alors.* » (!!!) Cette phrase se lit dans un ouvrage imprimé en 1852.

de l'emploi des prolongations dissonantes et des notes de passage (75, 99). Dans le contre-point syllabique, au contraire, la mesure n'est jamais que le résultat de causes purement extrinsèques, telles, par exemple, que la nature de la mélodie traitée, et peut se trouver annulée par une cause semblable, comme par exemple l'exécution. En sorte qu'il est vrai de dire que si le contre-point figuré appartient par lui-même à la musique mesurée (comme le prouve la synonymie établie par l'usage entre ces deux appellations), le contre-point syllabique appartient par lui-même à la musique *plane* (164), et ne rentre dans la musique mesurée que par accident.

168. La musique *plane* ne subsiste point en dehors du chant ecclésiastique, qui a reçu à cause de cela le nom de *plain-chant*. Son essence, au point de vue du rhythme, consiste, non en ce que la durée relative des sons qui s'y succèdent se trouve soumise à une exacte proportion d'égalité (164), mais bien en ce que ces sons ne comportent entre eux que des rapports d'inégalité irrationnelle, ou, si l'on veut, d'égalité approximative, que détermine le sentiment, et qui constituent le mode d'exécution propre à cette musique.

169. Le contre-point syllabique, exactement calqué sur le plain-chant, et appartenant comme lui au genre de la musique plane, est donc la forme naturelle d'accompagnement de ce chant, et la seule qu'il puisse recevoir lorsqu'il conserve son mode habituel d'exécution. C'est aussi la seule qui soit facile à réaliser indépendamment d'une préparation spéciale et immédiate.

Au point de vue de la pratique chorale, il a l'avantage de mettre de l'ensemble dans l'exécution du chant, parce que tous les mouvements, s'opérant à la fois dans les différentes parties, sont rendus par là plus sensibles à l'oreille des chantres.

170. Au contraire, tout accompagnement dans la forme du contre-point figuré (166), altérant inévitablement la constitution rhythmique du plain-chant, par l'effet seul d'un mode d'exécution factice et imposé du dehors, ne peut être considéré que comme un cas exceptionnel dans le service ecclésiastique, alors même qu'on ne serait point forcé de tenir compte de la difficulté inhérente à ce genre de composition et de la préparation plus ou moins laborieuse qu'il exige pour être réalisé d'une manière satisfaisante.

§ 3. *Des Modifications de l'harmonie consonnante dans leur application à l'accompagnement du plain-chant.*

171. On peut néanmoins, dans le cours d'une pièce astreinte d'ailleurs aux conditions du contre-point syllabique, faire parfois usage de prolongations dissonantes et de notes de passage, pourvu toutefois que le mou-

vement donné à l'exécution de cette pièce soit assez lent pour que ces modifications de l'harmonie consonnante n'apportent avec elles aucune confusion, et que, en particulier, la résolution des dissonances se fasse toujours d'une manière distincte et sans précipitation. C'est principalement dans les préparations de cadences que ces emprunts au contre-point figuré sont d'un bon effet, et peuvent contribuer à donner de l'élégance à l'accompagnement. On en trouve des exemples dans les anciens faux-bourdons (165, 151), particulièrement dans ceux qui sont en usage en Italie.

Faux-bourdon de la Chapelle pontificale.

Au sujet de cet exemple et de tous autres analogues, on remarquera : 1° que les passages harmonisés de cette manière sont réputés appartenir au genre mesuré, alors même que le corps de la pièce serait en pur plain-chant :

2° Que, sans rien changer à l'harmonie, il suffirait de supprimer les prolongations et les notes de passage, pour ramener tout le morceau au genre purement syllabique (151, ex. c).

172. Ce n'est pas seulement dans les parties d'accompagnement que l'on peut introduire des notes étrangères à l'harmonie consonnante. Il est des cas où les notes mêmes du chant peuvent, à raison de la rapidité

avec laquelle elles s'exécutent, revêtir ce cararctère, comme par exemple dans les hypothèses que renferme la formule suivante :

Ces notes purement mélodiques sont précisément celles auxquelles les musiciens modernes ont donné le nom de *petites notes*. Nous les avons traitées en notes de passage soit simples (95), soit doubles (102), soit même par saut (97) : ces dernières sont marquées d'un astérisque.

173. On pourrait sans doute les accompagner comme les autres, c'est-à-dire leur faire porter un accord propre ; mais il faudrait alors qu'une durée plus grande donnée à ces notes dans l'exécution, ou bien le mouvement général du morceau, permît de s'y arrêter davantage, une exécution rapide ne pouvant être en ce cas que d'un mauvais effet.

L'ancien plain-chant renfermait beaucoup de notes de ce genre, dites *liquescentes*, c'est-à-dire coulées, qui, dans les remaniements modernes de ce chant, ont disparu ou se sont transformées en notes ordinaires. Nous n'avons pas à apprécier ici le mérite de ces modifications : il nous suffit d'avoir montré quel parti on peut tirer dans l'harmonie des notes liquescentes, là où la tradition s'en est conservée, et là aussi où l'on chercherait à la rétablir.

174. Tels sont les seuls cas qui nous paraissent motiver une exception à la règle qui assigne son accord propre à chaque note du chant syllabiquement accompagné (162, 1°). On ne pourrait aller plus loin, et traiter en notes de passage des groupes mélodiques entiers, sans y introduire une mesure régulière, et sans rentrer par conséquent dans les conditions du contre-point figuré.

C'est ce qui se trouve pratiqué par un des plus habiles contrapuntistes du xvie siècle, le P. Constance Porta, dans le passage suivant de l'antienne *Conceptio tua*, sur la seconde syllabe du mot *nobis* (le plain-chant étant placé à la basse).

175. Nous n'avons parlé jusqu'à présent que des pièces qui rentrent dans le plain-chant proprement dit. Quant à ceux des chants d'église que des traditions d'exécution plus ou moins autorisées maintiennent en possession d'une mesure musicale régulière, il peut être avantageux de faire

₁ Voir ce motet dans le 2e vol. du recueil publié à Ratisbonne sous le titre de *Musica divina*.

entrer dans leur accompagnement ceux des éléments propres au contre-
point figuré, qui seraient de nature à relever le caractère de l'harmonie et à donner plus d'intérêt à la conduite des voix, sans apporter d'ailleurs aucune perturbation dans les habitudes d'exécution.

La mélodie suivante, appliquée par les Cisterciens à l'une des hymnes de
l'office de S. Bernard, et qui se chante encore dans plusieurs églises, nous
a semblé propre à recevoir un accompagnement de cette espèce.

CHAPITRE II

FORMATION DE L'HARMONIE SOUS LE CHANT.

176. Pour former une basse sous un chant, il faut considérer d'abord à quels accords peut appartenir chacune des notes de ce chant. Or, les accords consonnants se composant de trois notes (16), il est évident que toute note donnée peut faire partie de trois accords différents.

Soit, par exemple, la note *ut* : cette note, pouvant se faire entendre soit comme octave du son fondamental dans l'accord d'*ut*, soit comme tierce dans celui de *la*, soit enfin comme quinte dans celui de *fa*, peut en conséquence s'accompagner également de ces trois accords.

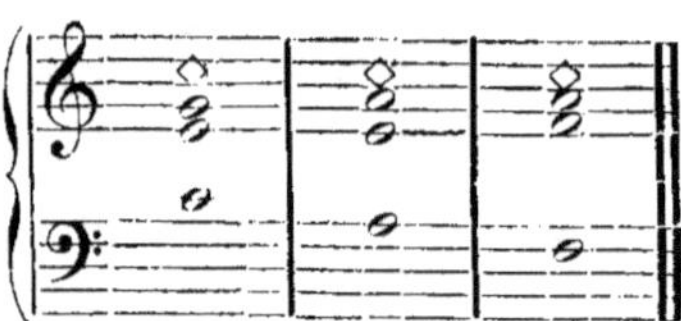

177. Si maintenant, au lieu de nous borner aux accords parfaits, nous avons recours aux accords de sixte (47), nous obtiendrons un résultat analogue, dans lequel il n'y aura de changé que la basse :

Nous laissons de côté le renversement de sixte et quarte, dont l'emploi est d'ailleurs très-limité (54, 150).

En faisant le même travail sur les autres degrés de l'échelle, on trouvera que tous peuvent ainsi s'accompagner de trois harmonies différentes, en ne comptant que pour une seule et même harmonie l'accord parfait et ses renversements. Seulement, par un motif déjà énoncé (13, 48, 55, 1°), le second, le quatrième et le septième degrés ne sont admis à jouir de cette propriété qu'à la condition de présenter toujours sous la forme du 1er renversement l'une des harmonies qui leur sont afférentes.

178. La préférence à donner à l'un ou à l'autre de ces accompagnements dépend de la succession mélodique. Il en est qui doivent être absolument évités : ce sont ceux qui donneraient lieu à des suites de quintes ou d'octaves (36).

Par exemple, après avoir accompagné *ut* par l'accord parfait d'*ut*, on ne pourrait accompagner *ré* par l'accord parfait de *ré*; mais on pourrait très-bien l'accompagner par l'accord de sixte dérivé de ce même accord (ex. *a*).

De même, après avoir frappé *sol* sur l'accord d'*ut*, on ne pourrait faire entendre *la* sur l'accord de *ré*; mais on pourrait accompagner cette dernière note par le 1er renversement sur *fa* (ex. *b*).

Si l'on s'est habitué, dans l'étude de la première partie de ce traité, à éviter les suites de quintes et d'octaves auxquelles peuvent donner lieu les mouvements de la basse contre l'une quelconque des parties supérieures, ou les mouvements de ces dernières parties entre elles, on n'aura pas de peine à appliquer ces règles à la formation de la basse sous le chant, et à exclure ainsi toutes les hypothèses qui seraient en contradiction avec elles.

179. Mais ces règles toutes prohibitives tendent moins à faire connaître ce que l'on doit pratiquer qu'à signaler ce que l'on doit s'interdire. D'un autre côté, des règles positivement préceptives ayant l'inconvénient de trop circonscrire la liberté de l'harmoniste, et tendant même à réduire l'art à un pur mécanisme, on préfère s'en abstenir ici.

Voici cependant quelques observations purement directives, dont il faudra tenir compte.

En thèse générale, l'harmonie a d'autant plus de douceur que le passage d'un accord à un autre s'effectue à l'aide d'une ou deux notes communes. Les mouvements de basse par tierce, par quarte et par quinte (42) sont les seuls qui donnent lieu à ce phénomène, entre accords parfaits : à quoi il faut ajouter quelques-uns des mouvements par lesquels on passe d'un accord parfait à un accord de sixte, et *vice versa* (51).

Au contraire, plus on fait se succéder d'accords qui n'ont aucune note commune, comme cela arrive toutes les fois que la basse procède par seconde entre accords parfaits, plus on donne à l'harmonie de vigueur et même d'âpreté.

C'est surtout après les repos qui suivent les cadences que cette manière de procéder est bien reçue, parce que, ainsi que nous l'avons vu précédemment (151), du dernier accord d'une période au premier de la suivante, il n'y a pas à proprement parler de succession, et il peut même y avoir en ce cas dans l'harmonie une solution de continuité plus ou moins marquée, qui sert à rendre plus sensible la distinction des périodes.

L'emploi trop habituel du premier procédé affadirait l'harmonie. L'usage trop fréquent du second lui imprimerait un caractère dur et presque sauvage. C'est en les mélangeant tous les deux dans une juste proportion que l'on réussira à donner à l'harmonie du plain-chant ce cachet d'élégance austère, ce goût à la fois suave et fort qui conviennent aux choses de l'église.

180. Dans le dessin de la basse, il faut éviter le retour trop fréquent des mêmes notes et des mêmes mouvements, qui accuserait la pauvreté et engendrerait la monotonie. Il faut néanmoins se garder en cela de toute affectation, et ne point se mettre l'esprit à la torture pour introduire dans cette partie une variété pénible et tourmentée qui trahirait l'effort et rendrait l'harmonie d'autant moins agréable à entendre, qu'on se serait donné plus de mal pour l'enrichir.

La comparaison des trois exemples ci-dessous fera saisir la portée de cette observation. Ce sont trois accompagnements de l'*Agnus Dei* des fêtes de première classe.

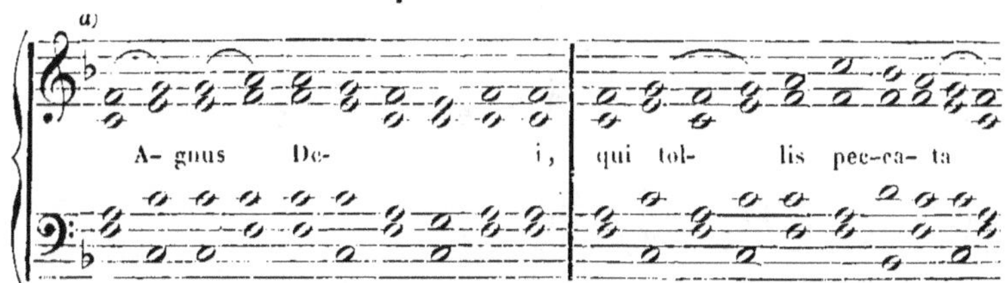
a)
A- gnus De- i, qui tol- lis pec-ca- ta

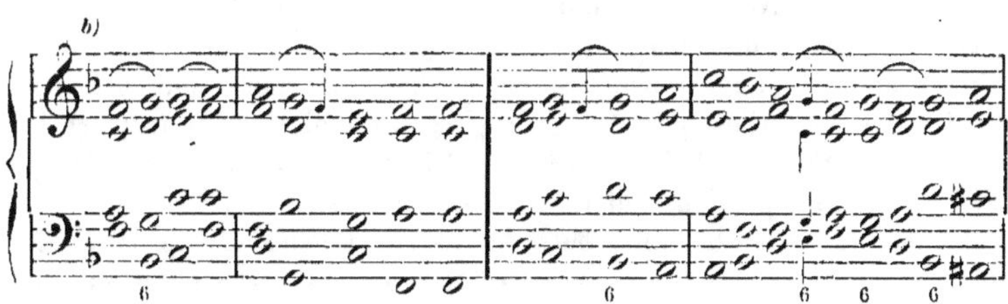
mun- di, mi-se- re- re no- bis.

b)
6   6   6 6   6

6 5   6 6   6

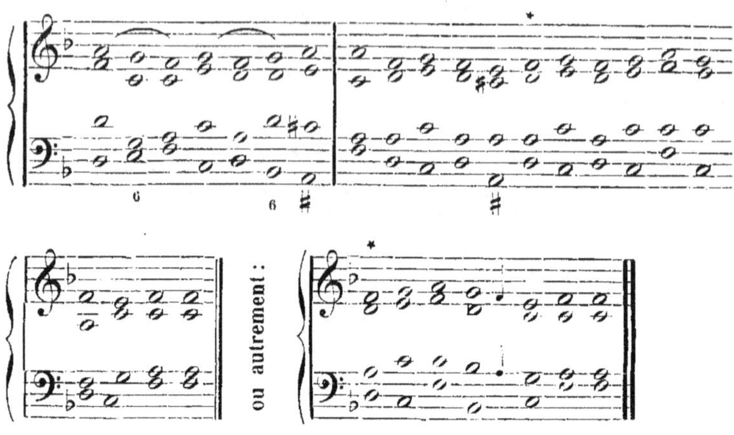

L'exemple *a*, avec sa basse qui procède constamment d'*ut* en *fa*, est ex-trèmement plat et maussade.

L'exemple *b*, au contraire, aussi riche d'harmonie que le comportent le sujet et les conditions de cette espèce de contre-point, laisse trop sentir, malgré l'incontestable habileté avec lequel il est travaillé, la préoccupation d'un harmoniste qui tient à diversifier ses formules.

L'exemple *c* tient le milieu entre les deux précédents. D'une harmonie sobre et ne variant ses mouvements de basse que tout juste autant qu'il le faut pour ne pas tomber dans la monotonie, il nous paraît se conformer assez fidèlement au type des compositions syllabiques du xvie siècle.

181. Par un motif analogue, lorsque le plain-chant présente une suite de notes sur le même degré, il n'y a le plus souvent aucun avantage à va-rier l'harmonie.

Le rapprochement des exemples *d* et *e* ci-dessous nous a paru de nature à justifier cette proposition. Le premier, écrit dans le même système que l'exemple *b* ci-dessus [1], donne lieu aux mêmes observations. Celles qu'on vient de faire sur l'exemple *c* s'appliquent également à l'exemple *e*.

---

[1] Ils sont extraits l'un et l'autre du *Livre choral* de M. L. Fanart (Paris, Didron, 1854). En nous voyant emprunter à un homme qui s'est acquis une si haute autorité dans la matière des exemples contraires à la pratique que nous voulons établir, on reconnaîtra sans doute que nous ne cherchons point à dissimuler les côtés avantageux de celle que nous combattons. On doit être prévenu encore de deux modifications que nous avons faites à l'arrangement de M. Fanart : 1º nous n'avons point tenu compte des transposi-tions qu'il a réalisées, et nous avons ramené les pièces au ton qui leur est assigné dans les livres de chœur; 2º la disposition des parties intérieures a été changée, et réduite à la forme d'un accompagnement d'orgue, d'après les propres indications de l'auteur.

SANCTUS FÉRIAL.

182. L'accord parfait doit nécessairement commencer et terminer le morceau. Il doit aussi faire le fond de l'harmonie, qui autrement manquerait de fermeté et de vigueur. La comparaison des exemples ci-dessus, *b d* d'une part, et *c e* d'autre part, fera comprendre ce qu'il y a de fondé dans cette assertion.

183. Les accords de sixte ne doivent donc être admis que rarement et par exception dans l'accompagnement de note contre note. Les principales circonstances qui en justifient l'emploi peuvent se ranger dans deux catégories distinctes. En effet, 1° ou la substitution de l'accord de sixte à l'accord parfait implique une modification de la basse, en sorte qu'il n'y a point, à proprement parler, changement d'harmonie, le premier renversement représentant l'accord fondamental, dont il ne fait que prendre la place; 2° ou cette substitution laisse subsister la basse, et opère par conséquent un changement d'harmonie, l'accord de sixte substitué à l'accord parfait n'étant point le renversement de cet accord.

184. Il y a changement de basse, sans changement d'harmonie, dans les cas suivants, en outre de celui qu'on a signalé plus haut (178) :

1° Il peut être avantageux de varier de cette manière un mouvement de basse dont la répétition coup sur coup serait trop monotone, comme si, par exemple, à l'harmonie suivante,

on substituait celle-ci, qui est assurément d'un meilleur effet :

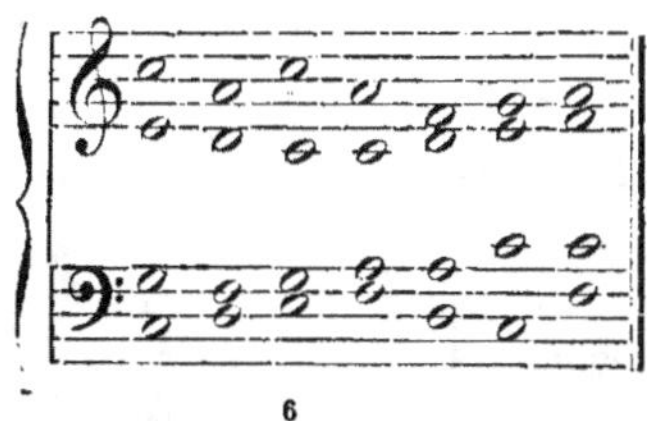

2° On peut user du même procédé dans le but de mettre plus d'élégance dans la succession des accords par l'emploi du mouvement oblique (27, 3°), qui permet d'éviter un déplacement simultané de toutes les parties, ainsi qu'on l'a pratiqué au second accord de l'exemple *b* ci-dessous, qui n'est en cela qu'une modification de l'exemple *a* :

3° Un cas analogue au précédent serait celui où l'on aurait recours à l'accord de sixte pour obtenir une harmonie plus pleine, la marche des parties laissant forcément incomplet l'accord parfait dont on aurait à faire usage en cette circonstance.

L'accord marqué * dans l'exemple *a* ci-dessus demeure forcément incomplet par le fait des parties de *tenor* et de dessus , lesquelles ne peuvent se dispenser de doubler l'*ut* de la basse, attendu, pour le *tenor*, que c'est la note même du chant, et, pour le dessus, que cette note est amenée nécessairement par l'altération ascendante (68) représentée ici par le ♮ carre; en sorte qu'on ne peut compléter l'harmonie que par le changement de la basse, comme dans l'ex. *b*.

185. Il y a changement d'harmonie sur la même basse dans les deux cas suivants :

1° On peut substituer, dans un accord, la sixte à la quinte dans le seul but de donner plus d'élégance à la conduite d'une partie d'accompagnement. Tel est le motif qui, dans l'exemple suivant (*a*), tiré d'un ancien fauxbourdon de la Chapelle pontificale, a fait accompagner le second *fa* de la basse par l'accord de sixte, au lieu de l'accord parfait, qui semble plus naturellement amené par le mouvement de cette partie (ex. *b*), mais qui donnerait à la partie supérieure une forme mélodique moins satisfaisante que celle qu'on peut obtenir par l'emploi de la sixte, comme le prouve la comparaison des deux exemples :

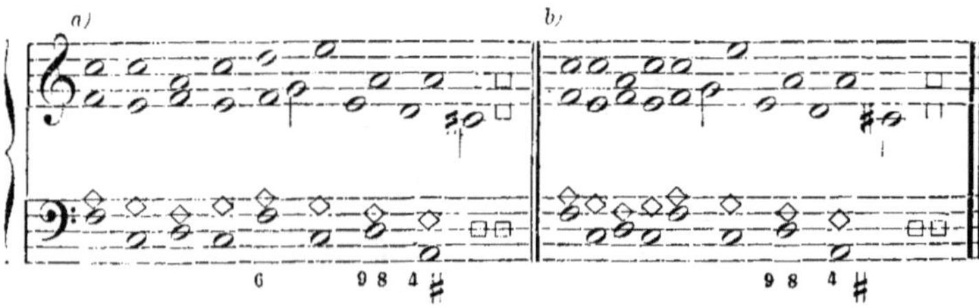

Il est inutile d'ajouter qu'une telle considération, qui a de l'importance dans le contre-point vocal, en a beaucoup moins dans une harmonie destinée à être exécutée sur l'orgue, surtout lorsqu'on place le chant à la partie supérieure (25).

2° La même substitution peut résulter de la nécessité de resserrer davantage les parties, ainsi qu'on l'a pratiqué ci-après, en modifiant dans l'exemple *b* l'harmonie de l'exemple *a*, où il n'entre que des accords parfaits.

186. Un résultat pratique de la substitution de l'accord de sixte à l'accord parfait, c'est que l'interversion des parties, toujours possible lorsque ce dernier accord est seul employé (37), peut amener, lorsqu'on fait usage du premier renversement, des suites de quintes qui s'opposent à ce que cette interversion soit réalisée.

Cette circonstance doit donc influer sur la préférence à donner à l'un ou à l'autre de ces accords, selon la position qu'occupe le chant (158).

Soit, par exemple, l'hypothèse *a* ci-dessous : si l'on transporte à la partie supérieure le chant placé d'abord au *tenor*, en se bornant à changer l'ordre des parties, on fera naître une suite de quintes entre l'*altus* et le dessus (ex. *b*), faute qui ne peut être corrigée qu'en substituant des accords parfaits aux accords de sixte du premier modèle (ex. *c*).

187. Le principal moyen d'effet du contre-point de note contre note consistant dans la plénitude de l'harmonie, on doit s'attacher à compléter autant que possible tous les accords (4). Aussi, dans la préférence à donner à telle ou telle basse dont un même chant serait également susceptible, on aura égard au plus ou moins de facilité qui en résulterait pour obtenir une harmonie pleine et sans lacunes.

188. La considération de la conduite des parties n'ayant pas la même importance dans l'accompagnement du chant par l'orgue que dans la formation du contre-point vocal (25), il sera plus facile dans le premier cas que dans le second de pourvoir à la plénitude de l'harmonie.

L'addition momentanée d'une cinquième partie est, dans la réalisation de l'harmonie sur le clavier, un expédient dont on peut user sans scrupule, sous la condition toutefois qu'il n'en résulte pour l'oreille aucune incertitude sur la conduite réelle des autres parties.

Supposons, par exemple, que l'on veuille compléter le dernier accord de l'exemple suivant (*a*) : si l'on opère comme en *b*, le *sol* ♯ de l'*altus* semblera se résoudre sur le *mi*, contrairement à la marche prescrite pour les notes altérées (68), et les parties intermédiaires procéderont, au jugement de l'oreille, comme nous l'avons figuré en *c*.

Si au contraire on opère comme en *d*, le complément d'harmonie donné au dernier accord apparaîtra sous son véritable jour, chaque partie ayant une marche parfaitement déterminée et facile à saisir.

CHAPITRE III

DES ALTÉRATIONS,

Nous avons exposé dans le chapitre II de la première partie le principe général des altérations tant descendantes qu'ascendantes. Il ne nous reste plus qu'à examiner de quelle manière et dans quelles limites on doit en faire usage dans la partie du chant. Ce sera l'objet de ce chapitre et d'une partie du suivant.

§ 1. *De l'Altération descendante.*

189. Les anciennes copies manuscrites du chant ecclésiastique (auxquelles il faut assimiler à cet égard les imprimés antérieurs au XVIIe siècle) se montrent généralement destituées ou très-imparfaitement pourvues d'indications relatives aux altérations même descendantes, la tradition et la connaissance de la théorie étant considérées alors comme des guides plus sûrs pour les chantres que les signes de la notation. Les circoustances nouvelles au milieu desquelles le plain-chant se trouve placé depuis 250 ans environ ayant fait juger avec raison que de pareilles garanties n'étaient plus suffisantes, on a dû s'attacher à mettre le plus possible la notation des livres en harmonie avec la réalité de l'exécution, mais seulement en ce qui concerne les altérations descendantes, les seules du reste dont le principe soit unanimement accepté par les choralistes.

Le présent traité n'étant point une méthode de plain-chant, dont il suppose au contraire la connaissance préalable chez ses lecteurs, nous n'aurions point à toucher à cette question, si les livres choraux actuellement en usage étaient toujours en ce point aussi corrects qu'on a la prétention de les livrer au public, ou seulement si la théorie, aussi claire en elle-même que facilement acceptée par tous, lorsqu'elle énonce le principe, demeurait dans les mêmes conditions lorsqu'elle vient à entrer dans le détail des faits. Malheureusement il n'en est point ainsi, et jusqu'à ce que nous arrivions à posséder, avec des éditions irréprochables, une doctrine uniforme et incontestée, il sera nécessaire de rappeler à ceux qui prennent part à l'exécution du plain-chant, aux organistes accompagnateurs par conséquent, qu'il reste encore dans les livres dont ils font usage plus d'une faute que l'exécution doit corriger, celle-ci par exemple, qui, dans une édition toute récente, dépare un des chants les plus populaires de la liturgie.

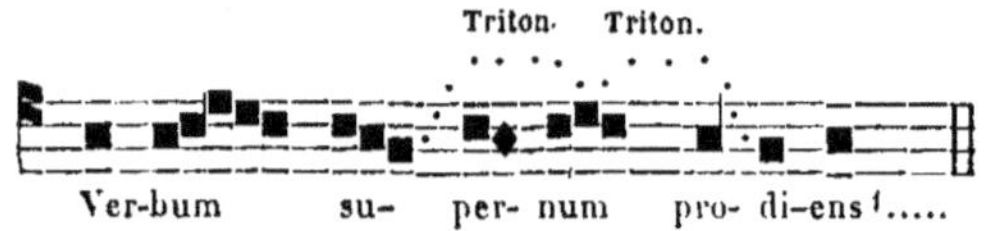

Cette double relation de triton, violation aussi manifeste que possible des règles les plus élémentaires (13), ne peut être corrigée que par l'emploi du ♭ mol sur le *si* (l'altération ascendante du dernier *fa,* généralement usitée dans la pratique, appartenant à un ordre de faits tout différent dans l'exposition duquel nous allons bientôt entrer).

190. Si les livres de chœur omettent quelquefois le ♭ mol, là où il est requis par la conduite du chant, en revanche ils en font usage en plus d'un endroit où rien ne semble le motiver, si l'on s'en tient aux règles posées par les théoriciens qui font autorité. De plus, il parait certain que toutes les églises ne gardaient point là-dessus une tradition uniforme, ainsi que le prouve la différence qu'on remarque à cet égard entre des versions également respectables : d'où il faut conclure que, dans la pratique, la plus grande réserve doit être apportée à ces sortes de corrections, la présence d'un bémol inutile ou contestable, selon les principes de la tonalité, ne rendant d'ailleurs plus difficile ni l'intonation vocale, ni le travail de l'accompagnement. Ajoutons toutefois que, dans cette recommandation, nous n'avons en vue que les cas douteux ou ceux dans lesquels il existerait, à l'encontre de la règle, une tradition certaine, générale ou locale, dont il y aurait de l'inconvénient à s'affranchir.

¹ *Graduale romanum,* p. 257, édit. Lecoffre, 1855. — Si nous citons cette édition de préférence à d'autres dans lesquelles la même faute a été commise, c'est que, dirigée par des hommes d'ailleurs pourvus de connaissances réelles en la matière, elle est la première qui se soit annoncée de nos jours avec des prétentions réformatrices. — Les choralistes qui ont donné leurs soins à cette édition n'ont évité une faute toute semblable dans le dernier vers du *Veni Creator* (8ᵉ ton) qu'au moyen d'un changement de clef qui dénature complétement le mode. — Notons encore que les théories professées par les mêmes choralistes repoussent absolument l'emploi des altérations ascendantes, au moyen desquelles on pourrait à la rigueur corriger la faute qui vient d'être signalée.

191. Quant aux cas douteux, c'est-à-dire au sujet desquels il y a divergence d'opinions entre les choralistes, nous pensons qu'on en diminuerait considérablement le nombre, si l'on admettait, avec les conséquences qui en découlent, les règles suivantes, que nous croyons fondées sur le principe même de la tonalité grégorienne, et conformes à l'enseignement des auteurs les plus exacts, comme à la notation des livres les plus corrects.

1° Il faut considérer la mélodie du plain-chant comme occupant successivement les divers tétracordes qui peuvent se former dans l'étendue de l'échelle. Ainsi, en décomposant la phrase suivante en un certain nombre de groupes mélodiques (indiqués chacun par une courbe ponctuée et un numéro d'ordre),

on trouve que ces groupes répondent aux tétracordes suivants :

Il est bien entendu que, pour que la correspondance du groupe mélodique avec le tétracorde puisse s'établir, il n'est pas nécessaire que toute l'étendue de celui-ci soit occupée; seulement le groupe incomplet pourra être rapporté hypothétiquement à deux tétracordes différents.

Ainsi, dans cet exemple :

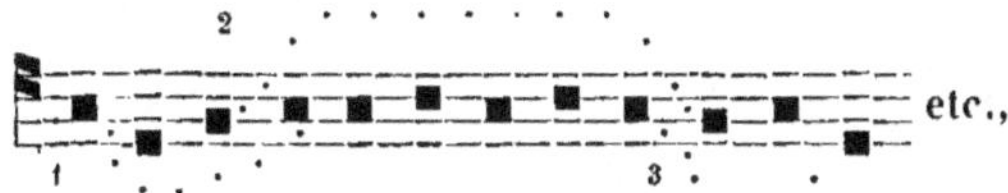

le groupe n° 2 pourra également correspondre à

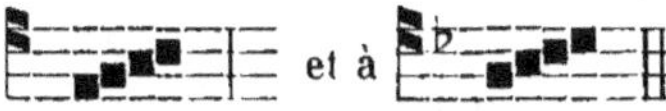

et à

2° A quelque endroit qu'on prenne la mélodie, il faut qu'on en puisse toujours détacher un groupe réductible à la forme tétracordale, ce qui ne peut avoir lieu du 4e au 7e degré qu'en affectant ce dernier du ♭ mol. On doit donc toujours supposer ce signe dans des cas tels que ceux-ci :

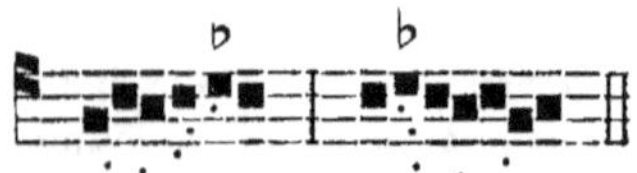

On doit le supposer également dans les cas suivants, où le chant ne s'élève point au-dessus du *si* : 

Quoique, dans de semblables formes de chant, la relation du *fa* au *si*, d'où résulte la nécessité de bémoliser cette dernière note, ne soit pas formellement exprimée, on doit la considérer comme sous-entendue, à raison de la présence du *ré*, qui, attirant la mélodie vers les cordes inférieures, exclut l'hypothèse que celle-ci puisse se mouvoir dans le tétracorde  plutôt que dans le tétracorde . Pour qu'il en fût autrement, il faudrait que l'*ut* se fît entendre.

3° Par exception à la règle précédente, le *fa* et le *si* ne sont pas censés appartenir au même groupe toutes les fois que le *si* est immédiatement ou précédé de l'*ut*, dans les formules descendantes (*a*), ou suivi de la même note, dans les ascendantes (*b*). Il en est de même lorsque le *fa* est immédiatement précédé du *mi*, dans les formules ascendantes (*c*), ou suivi de cette même note, dans les descendantes (*d*). Dans ces diverses hypothèses donc, le *si* ne devrait point porter de ♭ mol, quoique certains livres le lui donnent en des cas analogues.

4° Lorsque deux ou plusieurs *si*, dont l'un doit être nécessairement bémolisé, se trouvent tellement rapprochés dans un même trait mélodique, que l'impression du ♮ carre succédant presque immédiatement au ♭ mol

pourrait causer à l'oreille une surprise désagréable (*a*), l'effet du ♭ mol devra s'étendre à tous les *si* placés l'un à l'égard de l'autre dans une pareille
condition : ce qui devra avoir lieu également dans l'hypothèse inverse (*b*).

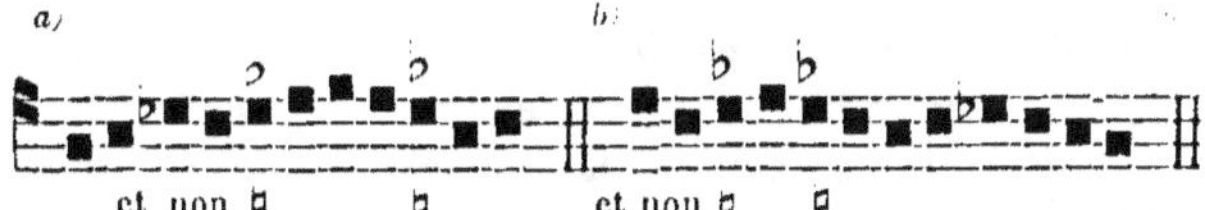

Dans l'ex *a*, la bémolisation du premier *si* entraîne celle du second.
laquelle rend nécessaire la même opération à l'égard du troisième : en sorte
que tout le trait mélodique se trouve établi dans la propriété de ♭ mol.

Dans l'ex. *b*, le même résultat se produit en sens inverse, l'influence du
dernier *si* (nécessairement ♭ mol par sa relation avec le *fa*) agissant ré-
troactivement sur le second, qui, à son tour, impose au premier l'altération
qu'on va lui faire subir.

5° Ne sont point considérés comme faisant partie du même groupe les
notes appartenant à deux membres de phrase mélodique séparés par une
cadence. — C'est ainsi que le *si* ♮ et le *fa* se rencontrent sans inconvénient
dans cette psalmodie du 4e ton :

formule que l'on n'a pu se croire obligé de modifier par le bémol qu'en
faisant abstraction du repos de la médiation, en vertu duquel le *si* ♮ et le
fa se trouvent appartenir à deux groupes parfaitement distincts.

6° Par une conséquence naturelle de notre première règle, et conformément à l'enseignement au moins implicite de l'ancienne théorie, la relation de quinte imparfaite n'est proscrite que lorsqu'elle résulte du contact immédiat des notes qui forment cet intervalle, et non de leur
réunion dans le même trait de chant. La raison qui fait ainsi distin-
guer entre la relation de quarte excédante et celle de quinte imparfaite, c'est que la première est essentiellement destructive de la forme tétracordale que l'autre laisse au contraire parfaitement subsister, l'intervalle de
quinte imparfaite se décomposant en deux tétracordes, comme le prouve

l'exemple suivant : 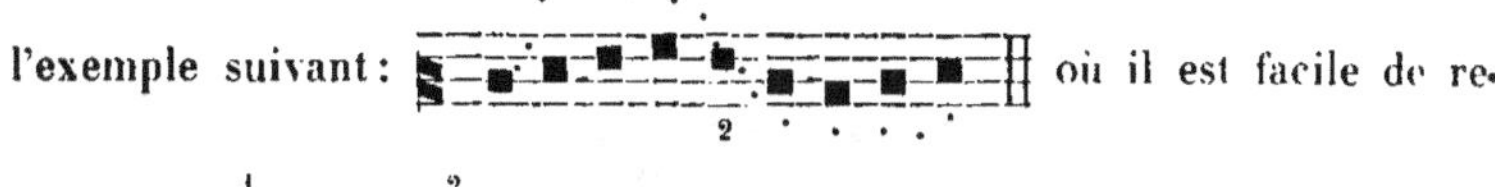 où il est facile de re-

trouver :

192. Quant à la circonstance de l'accompagnement, elle ne change absolument rien aux règles posées en cette matière par les théoriciens, et auxquelles nous avons essayé de donner une forme plus précise. Ce serait donc une erreur de croire que les nécessités de l'accompagnement puissent justifier l'introduction dans la partie du chant du bémol employé en dehors des règles ou des traditions grégoriennes. A ce point de vue, on ne saurait approuver le passage suivant de la messe des morts, composée en 1688 par Octave Pitoni, célèbre contrapuntiste de l'école romaine[1]; le bémol introduit dans la partie de *tenor*, sur ce trait de plain-chant,

dénature complétement la tonalité :

aussi est-il manifeste que l'auteur n'en a usé de la sorte qu'afin de se ménager une *imitation* entre cette partie et l'*altus*, qui reproduit le même chant une quinte plus haut.

(Les notes de la partie supérieure marquées 8 sont écrites une octave plus bas dans l'original.)

Pitoni pouvait d'ailleurs alléguer pour sa justification l'exemple de l'édition officielle de Rome, dans laquelle, au début de cette même pièce, apparaît un ♭ mol tout aussi peu tonal :

[1] Cette messe fait partie du recueil intitulé *Musica divina* (174).

193. Le ♮ carre et le ♭ mol, constituant, dans la théorie du plain-chant, deux *propriétés* distinctes, dont l'une exclut l'autre aussi longtemps que persiste l'influence de l'une d'entre elles sur la conduite du chant, ne devraient jamais se trouver réunis non-seulement dans le même groupe mélodique, ainsi que nous l'avons exposé ci-dessus (191, 4°), mais même dans deux parties différentes du même trait d'harmonie. Cette conséquence toutefois ne paraît pas avoir été tirée, au moins d'une manière absolue, par les anciens contrapuntistes, sans doute par le motif déjà énoncé (70), que le mouvement mélodique de chaque partie prise individuellement attirait plus leur attention que les relations harmoniques de ces parties entre elles. Il est cependant des cas où l'on ne pourrait, sans donner à la tonalité un caractère incohérent et contradictoire, faire entendre, même dans deux parties différentes, le ♭ mol à côté du ♮ carre. Tels sont les passages suivants :

194. Mais, d'un autre côté, cette mutuelle répulsion des deux propriétés n'est pas tellement absolue qu'elle ne puisse s'effacer au moyen d'une marche différente donnée à l'une des parties. Ainsi l'harmonie des exemples ci-dessus pourrait être traitée de la manière suivante :

§ II. *De l'Altération ascendante.*

195. Le signe de l'altération ascendante ne se trouvant que très-exceptionnellement employé dans les livres usuels de plain-chant, et encore ceux où il apparaît n'ayant guère qu'une destination locale, il est arrivé qu'on s'est habitué à considérer la chose même qu'il représente comme étrangère à la tonalité grégorienne et incompatible avec elle ; doctrine qui prévaut aujourd'hui auprès d'un certain nombre de choralistes.

La marche de ce traité ne nous permettant point de rouvrir à ce sujet une discussion dont les éléments sont d'ailleurs faciles à rassem-

— 92 —

bler[1], nous nous bornerons à rappeler que les partisans de l'altération
ascendante en réclament l'admission ou le maintien à un double titre :
1° pour corriger la relation mélodique de triton, dans certains cas où
l'altération descendante serait impraticable ou insolite (139); 2° pour
faciliter, et à certains égards, pour rendre possible l'alliance de l'harmonie avec le plain-chant (135).

Au premier cas appartient cette clausule qui revient si souvent
dans la Prose *Lauda Sion :*

In hym-nis et canti- cis.

Dans le second rentrerait cette phrase par laquelle se terminent
tous les versets du Symbole :

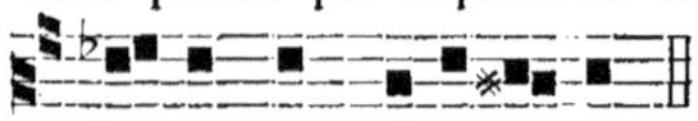

Pa- trem om- ni- po- ten- tem.

196. Sans contester ces propositions, non plus que les exemples allégués à l'appui, nous pensons que la première ne doit point être générali-
sée, comme il arriverait si, en l'étendant à tout un ordre de faits, on faisait jouer à l'altération ascendante un rôle absolument parallèle à celui de
l'altération descendante (65) ; mais qu'il faut restreindre l'intervention du
dièse motivée par des nécessités tonales de ce genre à un petit nombre de
cas analogues à celui qu'on vient de rapporter, et empruntés, comme lui,
non au corps du chant grégorien proprement dit, mais à certaines pièces
qui s'en distinguent plus ou moins par leur origine et leur facture.

Sur le second point, nous aurions peine à reconnaître dans le fait d'altérations telles que celle des cadences du Symbole, le résultat de l'influence
de l'harmonie, cette influence n'étant ni assez ancienne ni assez générale
pour avoir pu produire des conséquences aussi populaires, aussi universelles

---

[1] Pour ne citer ici que des publications récentes, nous indiquerons à ceux qui veulent
posséder les éléments de la question, le 1ᵉʳ volume (1845) de la *Revue de la musique religieuse*, publiée par M. F. Danjou, lequel renferme les pièces d'une polémique soulevée
à ce sujet par le savant M. Fétis, et à laquelle ont pris part MM. Janssen et David. La
méthode de plain-chant publiée par M. Janssen sous ce titre : *les Vrais Principes du chant
grégorien* (Malines, 1845), dont ce même volume de la *Revue* contient un compte rendu
rédigé par l'auteur du présent traité, est spécialement dirigée contre l'emploi des altérations ascendantes, même avec les sages restrictions qu'y apporte M. Fétis. Tous les traités
de plain-chant publiés depuis cette époque insistent plus ou moins sur cette question.
Nous citerons seulement, 1° le *Dictionnaire de plain-chant* de M. J. d'Ortigue (Paris, 1854),
dans lequel sont défendues les conclusions négatives de M. Janssen, au moins dans ceux
des articles qui sont l'œuvre personnelle de l'éminent rédacteur; 2° le *Cours complet de
plain-chant* de M. Adr. de Lafage (Paris, 1855), dans lequel la pratique de l'altération
par le dièse est exposée plutôt que défendue; etc., etc. Nous omettons à dessein divers
écrits récents dans lesquels les conclusions affirmatives de M. Fétis sont confirmées et
même dépassées, à l'aide d'arguments d'une nature trop douteuse pour pouvoir entrer
en ligne de compte.

que celle-là. En sorte que, s'il est incontestable que les habitudes d'oreille issues de l'harmonie et l'application de celle-ci au plain-chant ont dû confirmer et généraliser cette pratique, il n'est point démontré qu'elles lui aient donné naissance [1].

D'où il faut conclure que si l'altération ascendante a sa raison d'être dans certaines formes traditionnelles d'accompagnement qu'on ne saurait avantageusement remplacer par d'autres, elle ne paraît pas non plus, dans l'ordre même purement mélodique, dénuée de l'autorité des précédents.

Au reste, sans donner à cette conjecture plus d'importance qu'elle n'en mérite, qu'il nous suffise de constater que l'usage de l'altération ascendante, admis par les choralistes de la renaissance et des temps modernes [2], est, depuis le xive siècle au moins, réclamé par tous les contrapuntistes [3]. Alors même qu'on devrait tenir pour non avenue la tolérance des premiers, qui n'auraient fait que céder aux tendances musicales modernes, et reconnaître que les seconds n'ont insinué cette pratique qu'au point de vue du contre-point, et non du plain-chant pur et simple [4], qu'ils n'avaient point mission de réglementer, on n'en sera pas moins fondé à invoquer leur autorité, puisque, par le fait de l'accompagnement, le plain-chant rentre à certains égards dans la condition du contre-point, dont il se trouve faire en ce cas partie intégrante [5].

[1] Qu'il nous soit permis de rappeler que les faits sur lesquels s'appuie cette conjecture se trouvent exposés dans une dissertation sur le *Chant ambrosien*, publiée dans la 2e partie du 4e volume de la *Revue de musique religieuse* (p. 77 et suiv.), par l'auteur du présent traité.

[2] Voir les autorités alléguées par M. Fétis dans les articles précités (195), notamment le P. Bonaventure de Brescia, *Regula musicæ planæ*, 1494, et Jumilhac, *Science et pratique du Plain-Chant*, part. ii, ch. xiv, n. vi et vii, et part. vi, ch. iv, n x.

[3] Nous nous contenterons de citer le plus célèbre musicien de cette époque, J. de Muris, lequel s'exprime de la manière suivante dans son *Ars discantus*, ouvrage encore inédit : « Quandocumque in simplici cantu est *la, sol, la,* hoc *sol* debet sustineri et » cantari sicut *fa, mi, fa.* » Suit l'exemple noté, dans lequel le *sol* est en effet accompagné d'un dièse. Ensuite l'auteur professe dans des termes identiques, toujours appuyés d'exemples, l'altération par le dièse du *fa* et du *sol ;* puis il ajoute : « Et est notandum » quod in contrapuncto nullæ aliæ notæ sustinentur nisi istæ tres, scilicet *sol, fa* et *ut.* » Le sens donné au verbe *sustineri* résulte clairement du contexte.

[4] « Signa quibus notis innuitur permutationem facere sunt tria, scilicet : ♮ quadrum, » ♭ rotundum, et aliud signum quod a vulgo *falsa musica* vocatur (♯)..... Tertium vero » signum (i. e. ♯) solum ponitur in cantu mensurato, *vel in plano qui aut colorate can-* » *tatur,* vel in mensuram transit, etc. » Ainsi s'exprime Marchetto de Padoue dans son *Lucidarium in arte musicæ planæ*, ouvrage composé dans les dernières années du xiiie siècle. Ce texte est un de ceux qu'on a allégués contre l'emploi de l'altération ascendante dans le plain-chant, sans s'apercevoir que, du passage que nous avons souligné, il résultait précisément que, dès cette époque reculée, le plain-chant comportait l'emploi du dièse lorsqu'il était accompagné; ce qui est le seul point qu'il nous importait ici d'établir.

[5] Les auteurs du nouveau *Traité de l'accompagnement du plain-chant*, MM. L. Niedermeyer et J. d'Ortigue, professent comme nous qu'*une bonne harmonie* n'est que « le

197. Les règles générales que nous avons formulées au chapitre ii de notre 1ʳᵉ partie sur la manière d'employer les altérations ascendantes, étant déduites des principes mêmes de la mélodie, sont applicables à la partie du chant plus strictement encore, s'il est possible, qu'aux autres parties. On doit rappeler spécialement ici celles de ces règles qui sont relatives aux mouvements mélodiques qui précèdent ou suivent l'altération (68, 69) et à la détermination des degrés sur lesquels celle-ci peut avoir lieu (66, 1º).

198. Sur le dernier point, on observera qu'en énonçant d'une manière abstraite ce principe, que l'altération ascendante ne peut tomber que sur les premier, quatrième et cinquième degrés, au lieu de désigner nommément l'*ut*, le *fa* et le *sol*[1], nous avons entendu parler de l'ordre de ces degrés, tel qu'il se trouve constitué à un moment donné par la *propriété* de ♮ carre ou de ♭ mol (193), l'emploi de cette dernière propriété produisant, comme nous l'avons fait observer ailleurs, un changement momentané d'échelle (13), par lequel demeurent interverties, aussi longtemps qu'il dure, les fonctions respectives des différents degrés.

La conséquence à tirer de là, c'est que dans le cas où le chant passe dans la propriété de bémol, l'altération ascendante du premier et du sixième degrés, se réalisent respectivement sur le *fa* et l'*ut ;* et celle du *sol*, se trouvant tomber sur le second degré, ne peut plus avoir lieu, tant que l'ordre primitif n'a pas été rétabli par le retour du ♮ carre.

Aussi ne saurait-on admettre des formes de chant telles que celle-ci :

On exposera dans le chapitre suivant quels sont les cas où l'on doit introduire dans le chant l'altération ascendante, et l'on indiquera les formules harmoniques qui permettent en certaines circonstances de n'en pas faire usage.

199. Au reste, quelque système que l'on juge à propos de suivre au sujet des altérations tant descendantes qu'ascendantes, il importe avant tout de ne modifier en ce point la notation des livres que moyennant une entente préalable entre l'accompagnateur et les chantres, et autant

---

» résultat de quatre mélodies soumises aux mêmes lois et marchant simultanément »
(p. 43). Reste à déterminer quelles sont les conditions d'*une bonne harmonie,* et quel est
le plus sûr moyen de les réaliser, ou la voie des déductions logiques, ou la tradition des
grandes écoles.

[1] C'est la doctrine de J. de Muris (196, *note* 5).

que possible, d'après un système arrêté : autrement on ne produirait qu'une perpétuelle cacophonie.

Le moyen le plus sûr de prévenir cet inconvénient, c'est de marquer sur le livre même du chœur les altérations qui doivent être pratiquées. Il serait à désirer que cette opération (notamment en ce qui concerne l'usage du dièse, demeuré jusqu'à présent en dehors de la notation usuelle) fût exécutée une fois pour toutes par un choraliste habile, dont le travail servirait de règle à l'avenir[1].

[1] Nous pensons qu'il suffirait, dans les éditions du Graduel et de l'Antiphonier, de marquer le dièse au-dessus de la note qu'il doit affecter, et en dehors de la portée, l'altération représentée par ce signe n'étant que facultative et ne dérivant point nécessairement de la tonalité elle-même.

CHAPITRE IV.

DES CADENCES.

——◦◦⟩⟨◦◦——

§ 1. *Cadences mélodiques et leurs diverses espèces.*

200. Si le plain-chant est privé de l'élément du mètre (164), qui consiste essentiellement dans la symétrie des accents (75), il n'est pas pour cela, comme on le dit communément, dénué de rhythme, puisque autrement il ne serait pas même une mélodie [1]. Dans la musique plane, le rhythme, indépendant de toutes les combinaisons métriques par lesquelles il se manifeste dans la musique mesurée (d'où l'on a pris l'habitude de le confondre avec la mesure), réside principalement dans la distinction des périodes et dans le retour des cadences, qui sont les stations de la mélodie; retour qui n'a et ne peut avoir rien de symétrique, l'étendue de chaque période restant indéterminée, mais qui n'en constitue pas moins un principe régulateur de la succession des sons, aussi nécessaire à la musique que la ponctuation l'est au discours.

201. Les repos déterminés par la ponctuation n'ont point dans le discours une égale importance; ainsi en est-il des cadences par rapport à la mélodie. On peut, en conséquence, les partager en plusieurs classes que nous réduirons à deux : *cadences principales* et *cadences incidentes.*

Les cadences principales sont celles qui portent avec elles l'impression d'un sens mélodique achevé.

Les cadences incidentes, au contraire, sont celles qui ne font que suspendre momentanément le sens mélodique.

202. Dans toute pièce de plain-chant bien faite, les cadences, tant principales qu'incidentes, doivent être amenées par le sens de la lettre,

---

[1] « Le rhythme est la condition rigoureuse et caractéristique au moyen de laquelle des sons émis successivement constituent de la musique. » — LAHALLE, *Essai sur la Musique* (p. 44).

qu'elles font ainsi ressortir davantage. Il n'y a d'exception à cet égard que
pour les hymnes et les proses, dans lesquelles les cadences marquent
la chute de chaque division métrique, sans égard à la ponctuation du texte.

203. La cadence principale par excellence est celle que l'on appelle
finale, parce qu'elle marque la fin de la pièce ou d'une partie considérable
de celle-ci, comme une strophe ou un verset, et parce qu'elle se termine sur
la corde *finale* du mode, et quelquefois sur une autre corde dite *confinale*.

204. Il faut se garder de confondre avec les cadences incidentes certaines coupures que l'on trouve figurées dans les livres usuels de plain-
chant par des barres plus courtes que celles qui marquent les cadences :
ces coupures se rapportent soit à la correspondance de chaque mot du
texte avec la mélodie (précaution inutile dont on commence à s'affranchir),
soit à l'indication des endroits où l'on peut reprendre sa respiration ; d'où
l'on infère trop généralement, dans la pratique, que l'acte de la respiration
comporte un repos ou au moins un demi-repos, qui suspend d'une manière
sensible l'exécution de la mélodie, ce qui ne tend à rien moins qu'à faire
perdre à celle-ci, ainsi hachée en petits morceaux, tout son enchaînement
et toute son ampleur.

Pour faire comprendre en quoi consiste le défaut qui vient d'être signalé,
et comment nous entendons qu'il soit corrigé dans l'exécution, nous allons
rapporter, telle que nous la trouvons dans une publication récente, une
pièce de l'office, en indiquant de quelle manière les cadences y doivent être
distribuées, sans tenir compte des barres par lesquelles on a eu la prétention de les indiquer. La lettre *p* désignera les cadences principales, *i* les
cadences incidentes. Quant aux barres qui ne sont accompagnées d'aucune
indication, il faut les tenir pour non avenues en tant que signes de repos
ou de silence.

(Antienne de Communion du Dim.
de la Passion.)

Il n'y a, dans ce morceau, que trois cadences principales, y compris la

7

cadence finale. Elles doivent se traduire, dans l'exécution, par une pause très-marquée. Celle qui suit les cadences incidentes doit être de plus courte durée. Quant aux respirations, elles doivent se prendre sur la valeur même des notes auxquelles elles correspondent, sans jamais arrêter la marche du chant.

205. La reprise de chant qui suit une cadence principale, pouvant être considérée comme le commencement d'une nouvelle pièce, doit, par conséquent, s'opérer sur un accord parfait (182). On étendra cette règle, autant que possible, au cas même où la reprise aurait lieu après une cadence incidente.

§ 2. *Comment s'établit le rapport des cadences mélodiques et harmoniques.*

206. Dans la première partie de cet ouvrage (ch. IV) nous avons traité des cadences en tant que formules harmoniques et abstraction faite de toute mélodie préconçue. Nous allons compléter ces notions, en montrant de quelle manière les cadences mélodiques se combinent avec les formules harmoniques qui doivent leur servir d'accompagnement.

207. Nous avons constaté, dans l'harmonie même purement consonnante, l'existence de certaines successions d'accords plus propres que d'autres à donner le sentiment du repos (105). D'un autre côté, les cadences mélodiques sont douées d'une propriété analogue. D'où il faut conclure que celles-ci doivent, autant que possible, coïncider avec celles-là, l'accompagnement ne remplissant son objet qu'autant que les circonstances harmoniques et mélodiques se rencontrent ensemble et concourent à assurer la distinction des périodes.

208. En donnant, dans notre première partie (130-133), la formule harmonique des diverses cadences rapportées à chacun des degrés de l'échelle sur lequel on peut les réaliser, nous n'avons considéré ces degrés que comme formant la basse de l'harmonie. Nous devons maintenant les envisager comme donnés par le chant, et rechercher en conséquence quelle basse chacun d'eux demande, dans les divers cas où ils peuvent se présenter comme faisant partie d'une cadence.

209. La pratique du plain-chant fait aisément reconnaître les formules mélodiques propres aux cadences soit principales, soit incidentes. Ces formules peuvent, suivant les cas, se composer d'un nombre plus ou

moins considérable de notes. Mais , n'ayant à envisager ici les cadences que dans leurs rapports avec l'accompagnement, et ayant réduit à deux accords seulement la formule constitutive de toute cadence. harmonique (149), nous ne considèrerons non plus comme faisant partie de la cadence mélodique que les deux dernières notes de la période.

210. Cela posé, nous réunissons dans le tableau ci-dessous les formules de cadence, telles qu'elles se présentent le plus ordinairement dans le plain-chant, classées suivant le degré de l'échelle sur lequel elles se terminent, et suivant la nature et le mouvement descendant et ascendant des intervalles par lesquels elles procèdent respectivement.

Le dièse qui surmonte la première note de trois des cadences comprises en ce tableau indique que, dans ces cadences, mais dans celles-là seulement, l'intervalle de seconde majeure donné par la notation officielle des livres de chœur (195) peut être transformé, par l'effet de l'altération ascendante, en celui de seconde mineure.

211. Si nous recherchons maintenant quelle harmonie peut s'adapter à

chacune de ces formules, en nous restreignant aux seules successions d'accords que nous avons précédemment reconnues propres à servir de cadences de conclusion (126), nous arriverons aux résultats suivants :

1° L'*unisson* s'accompagnera soit par la cadence authentique (*a*), soit par la cadence plagale (*b*), sur quelque degré que ce soit (à l'exception toutefois du septième [114]) :

(Les notes du chant sont représentées par les losanges.)

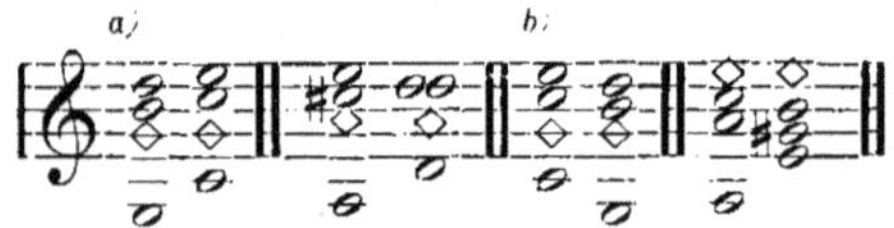

Formules descendantes.

2° La *seconde* est mineure dans les cadences du 3ᵉ et du 7ᵉ degré, et majeure partout ailleurs. *Mineure,* elle s'accompagne soit par la cadence plagale (*c, d*), soit par la cadence à la sixte (*e*), soit encore, mais seulement au 3ᵉ degré, par la cadence directe propre à ce degré (*f*).

Majeure, la seconde s'accompagne généralement par la cadence authentique (*g*), et, lorsque la tonalité le permet, par la cadence plagale (*h*).

3° La *tierce* peut être majeure ou mineure :

Majeure, elle s'accompagne en certains cas par une formule irrégulière, fort en usage chez les anciens contrapuntistes, et qui, à ne considérer que

le mouvement de la basse, se confondrait avec la cadence authentique,
dont elle se distingue par la marche des parties supérieures (*i*).

(L'irrégularité de cette formule consiste en ce que la tierce du premier
accord, au lieu de monter sur l'octave, redescend sur la quinte, manquant
ainsi à l'une des conditions constitutives de l'acte de cadence [108])

Mineure, elle peut s'accompagner également par la formule précédente (*i) et, sur le 7e degré, par la cadence directe du

3e degré (*j*), ou la cadence à la sixte (*k*). 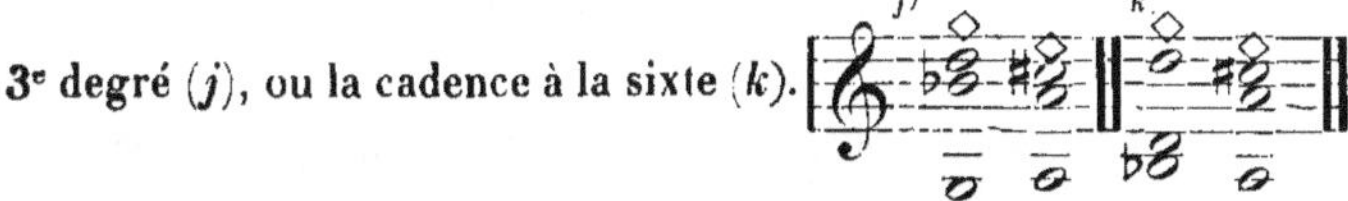

4° La *quarte* s'accompagnera au moyen de la cadence plagale, selon
l'une des formules ci-après. La première (*l*) ne peut se réaliser que sur les
3e et 7e degrés ; la seconde (*m*), qui peut se réaliser sur les six premiers
degrés de l'échelle, a le double inconvénient de faire naître une marche
d'octave en unisson, ou une suite d'octaves par mouvement contraire (40)
entre le chant et la basse, et de laisser forcément incomplet le dernier
accord. 

5° La *quinte* peut s'accompagner, selon le degré, par la cadence authentique (*n*), ou par la cadence à la sixte (*o*).

La première de ces formules (*n*) présente les mêmes inconvénients
que l'exemple (*m*) ci-dessus. La seconde est très-usitée dans l'ancien contre-
point.

Formules ascendantes.

6° La *seconde majeure* aura pour accompagnement la cadence plagale (*p*), formule qui laisse nécessairement le dernier accord incomplet,

et sur les 3ᵉ, 6ᵉ et 7ᵉ degrés la cadence authentique (*q*), sur les 2ᵉ, 3ᵉ, 5ᵉ, 6ᵉ et 7ᵉ, la cadence à la sixte (*r, s*) ; sur le 3ᵉ, enfin, cette même cadence (*t*), identique à la précédente, sauf la place occupée par le chant.

Mineure, la seconde s'accompagnera soit par la cadence authentique (*u*), soit par la cadence à la sixte (*v*).

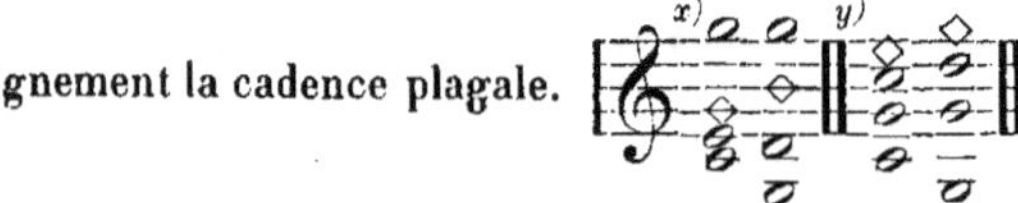

7° Les *tierces majeure* (*x*) et *mineure* (*y*) ont chacune pour accompagnement la cadence plagale.

212. Toutes ces cadences peuvent se réaliser dans les diverses positions (29), et le chant peut y occuper l'une quelconque des parties supérieures. Il n'y a d'exception à cet égard que pour les formules *r* et *s*, dans lesquelles le chant ne peut être placé qu'à l'une des parties intermédiaires, afin d'éviter une suite de quintes par mouvement semblable (36), qui ne manquerait pas de se produire, si on le plaçait au-dessus, sans apporter de modification à la conduite des voix. Il faudrait alors, si l'on pouvait donner une valeur suffisante à l'avant-dernière note, faire descendre d'un degré sur la même basse la partie qui fait la sixte, et la faire procéder de quinte en octave pour arriver à l'accord final.

Ce cas comporte même une exception à la règle qui prescrit de faire monter au degré le plus voisin la note frappée de l'altération ascendante (68). Elle peut alors descendre d'un degré sur la quinte ; mais elle ne peut se dispenser de remonter aussitôt à l'octave, comme dans le ténor de l'exemple suivant :

213. Nous n'avons point compris dans notre classification le cas où les deux dernières notes de la période mélodique s'accompagnent par un seul et même accord. Ce cas rentre dans les précédents, en ce sens, que, la répétition ou la prolongation d'un accord ne constituant pas une formule de cadence, celle-ci doit avoir été réalisée antérieurement de l'une des manières indiquées. Telles sont ces hypothèses  et autres analogues, au moyen desquelles on peut réaliser l'accompagnement d'un certain nombre de mouvements mélodiques qui ne correspondent à aucune cadence harmonique proprement dite.

§ 3. *Divers degrés de perfection dans les cadences.*

214. Le plus ou moins d'énergie que possèdent les cadences, en tant que faisant naître le sentiment du repos (105), ne tient pas seulement à la nature de la formule harmonique qui les constitue , et en vertu de laquelle ce sentiment, très-marqué dans la cadence authentique , s'affaiblit dans la cadence à la sixte, et devient à peu près nul dans la cadence inverse (112, 113).

Cette différence tient aussi aux rapports de la partie principale avec la basse de l'harmonie, la manière dont ces parties se comportent l'une à l'égard de l'autre pouvant renforcer ou atténuer plus ou moins l'effet de la cadence mélodique, ou même l'annuler complétement , comme cela a lieu dans certaines cadences rompues (117).

215. Prenons pour exemple la cadence plagale : l'effet de cette cadence, par rapport au sentiment de conclusion qu'elle est destinée à produire, sera loin d'être le même dans les trois hypothèses suivantes, identiques cependant quant à la disposition matérielle des parties, mais non quant à la manière dont le chant se combine avec l'harmonie.

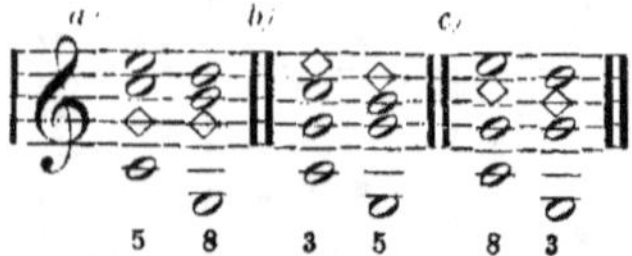

Le sentiment du repos étant en raison directe de la perfection des consonnances (7), et la consonnance d'octave étant plus parfaite que celle de quinte, et celle de tierce moins parfaite que les deux premières (8), il suit de là que la cadence *a*, dans laquelle le chant et la basse sont en consonnance d'octave au dernier accord, conclut avec plus de force que la cadence *b*, dans laquelle ces deux parties sont en consonnance de quinte, et que celle-ci l'emporte à son tour sur la cadence *c*, dans laquelle ces mêmes parties sont en consonnance de tierce.

216. C'est d'après cette double considération de la nature même de la cadence harmonique et des rapports qui s'y établissent entre le chant et la basse, que l'on doit se guider pour assigner aux diverses cadences mélodiques un mode d'accompagnement approprié à leur degré d'importance (201).

Il est assez difficile de déterminer avec précision tout ce qui doit être pratiqué à cet égard. On peut dire seulement que les cadences principales, surtout les finales, doivent se traiter généralement par la cadence authentique ou plagale, la mélodie se trouvant avec la basse au dernier accord en consonnance d'octave ou au moins de quinte. La consonnance de tierce qui s'établit au dernier accord entre ces deux parties ne peut caractériser qu'une cadence incidente.

217. Les cadences irrégulières, dans lesquelles l'acte de cadence ne s'opère point suivant la formule prescrite (108), comme celle que nous avons rapportée ci-dessus (211, *i*), ne peuvent s'employer que comme cadences incidentes.

Il en est de même, à plus forte raison, de toute formule harmonique qui ne rentre dans aucune des hypothèses auxquelles nous avons réduit les cadences de conclusion, telles, par exemple, que les cadences évitées (117), et sur lesquelles néanmoins la mélodie peut faire un repos momentané, pourvu toutefois qu'elles se terminent par un accord parfait majeur ou

mineur. 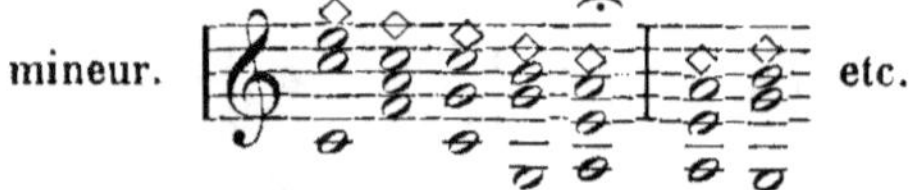 etc.

218. Notre tableau des cadences mélodiques (210) en renferme un certain nombre qui semblent ne pouvoir s'accompagner par aucune des formules régulières de cadence harmonique. Tel est le cas de la seconde majeure ascendante, dans l'hypothèse où l'on serait dans l'usage d'exécuter cette cadence telle que l'exprime la notation des livres de chœur. Telle est encore la formule de tierce mineure descendante, lorsque la dernière note du chant doit tomber sur l'unisson ou l'octave de la basse.

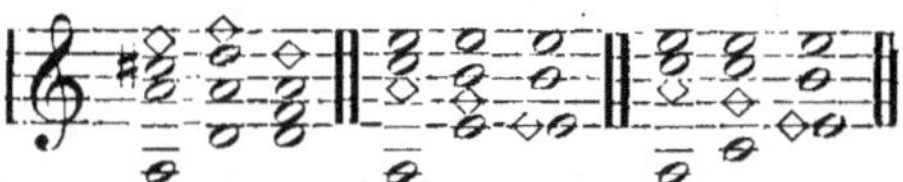

Ces formules d'accompagnement, dont le moindre inconvénient est de laisser l'oreille sous l'impression de la tierce mineure (8, 128), ont en outre le défaut d'être d'un effet terne et plat. Aussi, en pareil cas, les anciens contrapuntistes n'ont-ils pas hésité à modifier le chant, remplissant l'intervalle de tierce par une note intermédiaire (*).

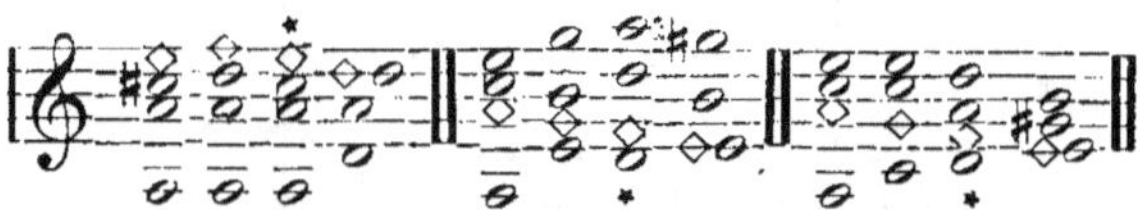

Rien n'est plus commun que ces chutes de tierce dans les anciennes versions du plain-chant. Quoique les révisions modernes en aient fait disparaître un certain nombre, il en reste encore assez pour embarrasser la marche de l'accompagnement, à moins qu'on ne s'entende pour les modifier comme on vient de le voir. Sinon, il faudra les traiter par la cadence plagale, en supposant un prolongement de la dernière note du chant, auquel cas on procédera comme pour la formule d'unisson (211, b).

Ce procédé, emprunté au contre-point figuré, sera d'une grande ressource dans tous les cas embarrassants. On observera seulement qu'il impose au chœur un repos très-marqué au moment de la cadence.

§ 4. *Des Altérations ascendantes dans leurs rapports avec les Cadences.*

213. Le principe de l'altération ascendante étant admis et son mécanisme connu (60 *et suiv.*, 194 *et suiv.*), il nous reste à déterminer les circonstances dans lesquelles il sera permis de l'introduire dans la partie
même du chant.

Il existe à cet égard trois pratiques différentes, dont chacune a ses
partisans.

1° Ou l'on fait usage de l'altération ascendante dans les parties d'accompagnement, tout en l'excluant de celle du chant, qu'on exécute
comme il est écrit;

2° Ou on l'exclut de l'accompagnement aussi bien que du chant;

3° Ou on l'introduit et dans l'accompagnement et dans le chant.

La première phrase du *Dies iræ* va nous montrer ces trois systèmes en
action.

(Extrait du *Traité de l'accompagnement du plain-
chant*, par MM. Nieder-
meyer et d'Ortigue.)

220. Le premier système blesse à la fois la logique et les légitimes exigences de l'oreille. A supposer que celle-ci puisse, absolument parlant,

s'accommoder d'un acte de cadence qui ne remplit point les conditions prescrites (109, 124), comme celui qui termine la phrase, elle ne le peut plus du moment qu'elle a reçu l'impression d'un acte de cadence régulier, comme celui qui s'opère du second au troisième accord, lequel ne sert ainsi qu'à rendre plus choquante la formule qui tient lieu de cadence finale. La secousse que celle-ci produit sur l'auditeur lui fait aussitôt toucher au doigt l'impuissance de l'harmoniste, qui n'a pu réussir à fondre dans l'ensemble de son œuvre l'élément rebelle sur lequel il a travaillé, péchant ainsi contre la première de toutes les lois en matière d'art, celle de l'*unité*.

Il serait peu équitable, du reste, de ne point faire observer, à la décharge des artistes qui pratiquent ce système, que la plupart du temps ils s'y trouvent engagés par suite du maintien d'habitudes chorales qu'il ne dépend point d'eux de réformer.

221. C'est la considération de cette sorte de nécessité, ainsi que des défauts inhérents à ce système, qui a donné naissance à celui que nous avons mis au second rang. Ceux qui l'ont conçu ont cru ne pouvoir arriver à réaliser parfaitement l'unité du chant et de l'harmonie qu'en bannissant absolument de l'accompagnement les notes qu'ils réputaient inadmissibles dans la mélodie et destructives de la tonalité qui lui est propre. En même temps, pour ne pas tomber dans des maladresses du genre de celle que nous avons relevée dans la composition précédente, ils évitaient aux conclusions des phrases tout mouvement de basse qui pût faire sentir l'acte de cadence (124). Encore, dans le cas particulier, on peut trouver que la formule adoptée a trop d'analogie avec celle de la cadence à la sixte pour que l'oreille n'y désire pas l'altération de la note supérieure, qui peut seule donner à cette cadence sa véritable forme.

Le défaut capital d'un pareil mode d'accompagnement, quelle que soit l'habileté dont on y fasse preuve, c'est que, impuissant à traduire le phrasé du plain-chant par la simultanéité des cadences mélodiques et harmoniques (207), il manque lui aussi, de ce côté du moins, à la loi de l'unité : ou plutôt il n'y satisfait que d'une manière toute matérielle et seulement en ce qui concerne la constitution tonale. Conçu d'ailleurs en dehors de toute syntaxe musicale connue, il substitue à des formules de conclusion consacrées par la tradition et aptes à donner par elles-mêmes l'impression de sens arrêté ou suspendu, de pures conventions, qui, tout ingénieuses qu'elles puissent être, ne sauraient s'imposer d'elles-mêmes au sentiment musical.

222. Le troisième système est celui que nous avons cru devoir adopter. Consacré par l'autorité des anciens maîtres, il a l'avantage de réaliser de la manière la plus acceptable, au jugement de l'oreille, l'unité du chant et de l'accompagnement, le même genre de modifications tonales s'imposant à l'un et à l'autre, avec assez de discrétion toutefois pour que la tonalité n'en soit pas atteinte dans sa forme essentielle.

L'application de ce système donnant lieu à diverses hypothèses, quant à l'emploi plus ou moins fréquent des notes altérées, il importe de fixer autant que possible les limites dans lesquelles il doit se renfermer.

223. Supposons que nous ayons à accompagner cette phrase de plain-chant :  Si nous exécutons cette opération de la

manière suivante : , on devra, d'après

la pratique des anciens contrapuntistes, diéser tous les *sol* (marqués d'un astérisque), tant dans le chant que dans l'accompagnement. La raison en est que cette note, figurant ici comme sixte ou comme tierce, ne saurait avoir en cette qualité une marche ascendante qu'autant que ces intervalles seraient non point mineurs, mais majeurs (136).

224. Si, au contraire, pour éviter cette altération, nous composons ainsi

notre accompagnement : , les notes du

chant (*), altérables dans la première hypothèse, ne le seront plus dans celle-ci, parce qu'elles font contre la basse un intervalle de quinte, intervalle essentiellement inaltérable. Mais la cadence, tombant sur la tierce, au lieu de tomber sur l'octave, se trouvera par là singulièrement affaiblie (215), et ne pourra même se réaliser de cette manière, si la conduite du morceau requiert en cet endroit une cadence principale (201).

225. D'un autre côté, on ne pourrait faire usage ici de la cadence à

la sixte et accompagner ainsi : le *si* ♭

de la basse se trouvant en contradiction avec le *si* ♮ du chant, qui.

accusant par lui-même la propriété de ♮ quarre, ne peut recevoir un accompagnement conçu dans la propriété de ♭ mol (193). En sorte que, pour concilier ici le sentiment de la cadence avec le respect de la tonalité (que l'usage trop fréquent de l'altération ascendante viendrait à dénaturer complétement), il faudrait formuler à peu près ainsi cet accompagnement :

226. Nous avons constamment supposé, dans ce qui précède, que la phrase de chant qui se conclut mélodiquement par un mouvement de seconde ascendante, doit aussi, dans l'accompagnement, se terminer par une cadence principale, hypothèse qui rend, selon nous, l'altération nécessaire. Il en serait autrement si l'on ne pratiquait en cet endroit qu'une cadence incidente, dans laquelle la base pourrait tomber sur une note différente de celle du chant. Ainsi, dans l'accompagnement de la phrase précitée (223) et dans laquelle on a reconnu le début du *Kyrie* de première classe, quoique l'altération du dernier *sol*, admise par la pratique dans plusieurs églises, n'ait rien que de très-acceptable, on pourrait l'éviter en faisant tomber le *la* final sur la tierce du dernier accord, comme dans l'exemple ci-dessus (224), ou mieux encore sur la quinte, le chant étant placé à une partie intermédiaire, comme dans l'exemple suivant :

227. L'accompagnement du *Dies iræ* pourrait se traiter de la même manière, à l'exemple de Pitoni, qui commence ainsi le remarquable contre-point qu'il a écrit pour cette prose :

etc.

Ce que l'on pourra imiter de l'une des manières suivantes, en plaçant le chant à la partie supérieure.

228. Telle est encore cette finale de la psalmodie du 2ᵉ ton :

Au lieu d'y pratiquer l'altération sur l'avant-dernière note, comme dans ce faux-bourdon de la Chapelle pontificale :

On pourrait, sans modifier le chant, mais en ôtant à la conclusion, par la marche de la basse, son caractère de cadence finale, adopter une formule analogue à la suivante, qui est de Th. Morley, habile contrapuntiste anglais de la fin du XVIᵉ siècle [1] :

---

[1] L'auteur du présent traité a lui-même proposé, pour le faux-bourdon du 2ᵉ ton, une formule dans laquelle la cadence, toute semblable à celle-ci, est amenée d'une autre manière (v. la *Revue de la musique religieuse*, t. Iᵉʳ, p. 499, et le *Manuel de psalmodie* imprimé chez Seguin, à Avignon) : ce qu'il rappelle ici, à seule fin de faire observer qu'il n'avait alors aucune connaissance de l'ouvrage de l'auteur anglais (*A plaine and easie introduction to practical musick*. 1597), dont la bibliothèque de la ville de Dijon possède un exemplaire.

229. Il résulte de cet examen : 1° que, bien qu'en principe les altérations ascendantes s'imposent au chant de la même manière et selon les mêmes conditions qu'aux autres parties, il importe néanmoins, pour conserver à la mélodie son caractère, d'y restreindre autant que possible l'emploi de cette sorte de modification tonale;

2° Que les seuls cas où elle devienne nécessaire sont ceux dans lesquels la conduite du chant amène une cadence de conclusion qui oblige la basse à se rencontrer au dernier accord en octave avec le chant montant de seconde;

3° Que, ces cas exceptés, il est toujours possible, toutes les fois que ce même mouvement de seconde majeure s'opère dans le chant, d'y adapter telle formule d'accompagnement qui, loin de faire désirer la transformation de la seconde majeure en seconde mineure, la rende impossible;

4° Que, sans se prescrire la même réserve en ce qui concerne les parties d'accompagnement, les altérations ascendantes y produiront un effet d'autant plus heureux qu'elles apparaîtront plus rarement dans le courant des phrases et se montreront moins voisines des cadences de conclusion où on les fera intervenir.

§ 5. *Des Cadences dans leurs rapports avec la lettre.*

230. Bien qu'en principe les cadences réalisées par le chant doivent correspondre à la ponctuation du texte (202). cette condition n'est pas toujours observée dans la composition des mélodies liturgiques.

L'exécution pouvant et devant jusqu'à un certain point corriger les défauts de ce genre dans les pièces où il s'en rencontrerait, l'accompagnement sera admis à contribuer pour sa part à un tel résultat, en affaiblissant ou en annulant même complétement, par la tournure donnée à l'harmomie, l'effet d'une cadence mélodique trop marquée relativement au sens du texte (214). L'examen du plain-chant suivant fera comprendre l'usage que l'on doit faire de cette observation.

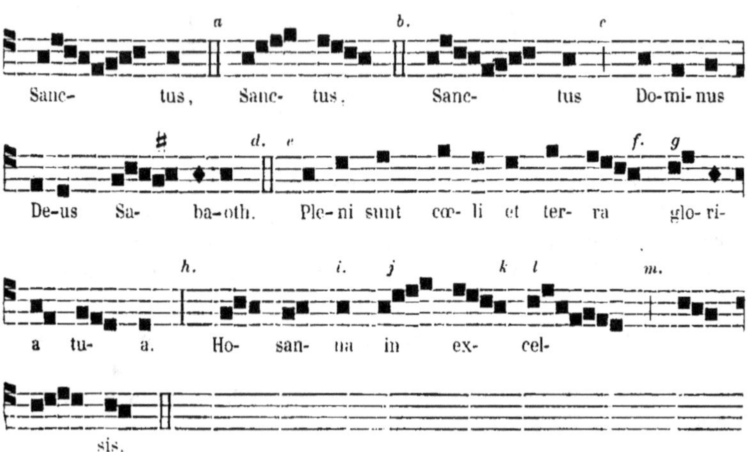

En comparant entre elles les périodes de ce morceau, que nous avons marquées par des signes alphabétiques, on trouvera 1° que la phrase *j-k* reproduit note pour note la phrase *a-b*; 2° que la période *c-d* (*Dominus Deus sabaoth*) se trouve, sauf les deux premières notes, exactement répétée sur les paroles *gloria tua. Hosanna* (*g-h i*); 3° que la première moitié de cette même période (*g-h*) revient encore avant la terminaison (*l-m*). Or, il est facile de reconnaître que, dans les diverses circonstances où reparaît la même phrase mélodique, les mêmes arrangements de notes ne ramènent point une semblable distribution de texte et ne comportent point par conséquent les mêmes cadences harmoniques. Ainsi, autant une formule d'accompagnement propre à caractériser une cadence principale serait bien placée sur la dernière syllabe du mot *Sanctus* (*a-b*), autant serait-elle hors de propos sur la première du mot *excelsis* (*k*), malgré l'identité de la mélodie en ces deux endroits. Ainsi encore, autant la conclusion *gloria tua* (*g-h*) serait propre à recevoir une cadence principale qui sépare cette phrase de la suivante (*Hosanna*), autant une telle cadence serait déplacée entre les mots *Deus* et *Sabaoth* (*c-d*). C'est pourquoi nous n'avons marqué que sur ce dernier mot, et non sur l'*Hosanna* qui porte les mêmes notes, le dièse destiné à parfaire la cadence (109). Remarquons

que cette similitude de mélodie sur deux textes si diversement coupés constitue une faute grossière, mais qu'il est facile de corriger sans altérer la
cantilène. Cette correction se trouve effectuée dans certaines éditions. En
supposant que nous nous servions de livres qui ne l'aient point admise,
voici comment la pièce nous semble devoir être accompagnée.

231. On peut remarquer encore, dans l'exemple ci-dessus, la différence que présente, sur une même formule de chant, l'accompagnement du 3ᵉ *Sanctus* relativement à celui du 1ᵉʳ. Cette différence tient à ce que, au 1ᵉʳ, le sens demeure suspendu, tandis que, au 3ᵉ, la suite du texte exige qu'il n'y ait aucune interruption dans le chant, ce que l'on a réalisé au moyen d'une formule harmonique qui exclut absolument l'idée d'une cadence de terminaison.

En dehors de semblables circonstances, dans lesquelles, pour faire ressortir le sens des paroles, on est obligé de donner à une phrase mélodique d'autres cadences que celles qu'elle semble comporter naturellement, il ne paraît point expédient de varier l'harmonie d'un trait de chant qui se reproduit plusieurs fois dans le cours de la même pièce, ce qui ne pourrait qu'affaiblir l'effet de cette répétition.

CHAPITRE V.

———

DE L'ACCOMPAGNEMENT DU PLAIN-CHANT PLACÉ A LA BASSE.

232. L'usage très-général en France de faire chanter le plain-chant exclusivement par des voix de basse y avait fait accréditer parmi les organistes et autres musiciens d'église l'opinion que, dans toute harmonie composée sur ce chant, celui-ci devait toujours occuper la partie inférieure, et même était absolument impropre à en occuper une autre.

Ce système avait quelques avantages, pas assez nombreux toutefois, ni assez considérables pour faire passer sur les inconvénients qui lui étaient inhérents. Aussi une vive réaction s'est-elle manifestée contre lui depuis quelques années, réaction qui fait chaque jour des progrès et finira probablement par amener la disparition complète de cette pratique.

Ses avantages se réduisaient à ceci, que le chant, étant placé à l'extrémité grave de l'harmonie, restait toujours parfaitement distinct et reconnaissable, surtout lorsqu'il était exécuté par l'orgue, la partie principale se trouvant réalisée par des jeux plus forts et d'une autre sonorité que ceux qui faisaient entendre l'accompagnement.

Ses inconvénients étaient d'abord la difficulté de construire une harmonie régulière sur un chant qui procède fréquemment par degrés conjoints (22, 156), surtout dans les cadences, qui demandent à la basse certains mouvements que le plain-chant ne réalise presque jamais, du moins dans ces circonstances où ils seraient le plus nécessaires. De là les allures très-monotones des parties d'accompagnement, forcées de procéder très-souvent par progressions de sixtes (49), et l'impossibilité de phraser convenablement le chant.

233. Pour remédier à la monotonie de cet accompagnement, on a de bonne heure essayé d'y introduire quelque variété en faisant usage de prolongations dissonantes et de notes de passage; mais par là le chant cessait d'être du plain-chant proprement dit et n'était plus que la partie de basse d'une composition mesurée (167). De plus, dans ce système, les cadences ne se traduisant plus par des formules harmoniques spéciales et déterminées, et ne pouvant s'effectuer que par des interpositions de silences dans la partie du chant, on prit le parti de n'en plus tenir compte, attendu l'impossibilité de les réaliser de cette manière dans un genre de composition où, dans l'origine, chacun des concertants improvisant sa partie, force était d'établir un procédé uniforme qui simplifiât leur travail. De là ce mode d'exécution du plain-chant, même non accompagné, qui s'est perpétué dans les églises de Paris, et qui consiste à poursuivre toute une pièce de chant dans le mouvement qu'on a pris en commençant, donnant à toutes les notes une valeur parfaitement égale, sans appuyer plus sur l'une que sur l'autre, et sans jamais se permettre aucun repos, alors même que le requerraient le sens du texte et la contexture de la mélodie.

234. Un pareil mode d'exécution enlevant au plain-chant toute espèce d'intérêt et altérant essentiellement sa constitution rhythmique (200)[1], il a bien fallu se rejeter sur l'accompagnement et lui donner une valeur mélodique et harmonique qui pût compenser le tort que l'on faisait à la partie principale. On comprit que, en pareille circonstance, ce qui importait surtout c'était de dissimuler par le travail des parties supérieures ce qu'il y avait de gêné et de contraint dans le rôle imposé au plain-chant, et l'on donna le plus qu'on put à ces parties un tour chantant et un rhythme caractérisé par la division du temps, relevant parfois le tout par des dessins et des imitations (192)[2] entre les différentes voix. Malheureusement il eût fallu, pour réaliser convenablement un tel programme, se trouver dans des conditions tout autres que celles d'une improvisation faite au hasard; et, de fait,

---

[1] L'abbé Lebeuf, traitant, dans un article inséré au *Mercure de France* de mai 1729, de cette manière d'accompagner le plain-chant, connue sous le nom de *chant sur le livre* ou *contrepoint fleuri*, donne de cette dernière appellation une raison étymologique qui pourrait passer pour une bonne plaisanterie. Après avoir parlé de l'uniformité de mouvement qui est imposée en cette circonstance à la partie du plain-chant, il ajoute: « Par ce qui » vient d'être dit en dernier lieu, on doit comprendre pourquoi le chant dont je parle a » été appelé contrepoint, *contrapunctum*. Il est incompatible avec les temps, allonge- » ments ou traînements que les points demandent: par point on entend toute division, » section et séparation de texte, de sens, de phrase. Les basses y procèdent tout de » suite, sans pause, sans inégalités: c'est un chant ennemi des points du plain-chant, et » par conséquent il a été bien nommé *contrapunctum*. » Il faut lire tout cet article, reproduit par M. J. d'Ortigue dans son *Dictionnaire de plain-chant*, et qui renferme, sous une forme approbative en apparence, une appréciation très-juste de l'influence délétère de ce mode d'accompagnement sur l'exécution du plain-chant.

[2] L'*imitation*, sorte d'artifice très-usité dans le contre-point figuré, est ainsi nommée parce qu'une ou plusieurs parties *imitent* plus ou moins exactement le procédé mélodique d'une première partie qui leur sert de modèle.

s'il n'est pas impossible d'y réussir avec du talent et de sérieuses études musicales, le nombre de ceux qui en ont su tirer parti a cessé depuis longtemps d'être considérable, et le devient moins encore de jour en jour.

Il est rare, en effet, qu'on ait l'occasion d'entendre en ce genre quelque chose qui soit de nature à satisfaire des oreilles délicates, en ne tenant même que peu de compte des conditions spéciales et si mal observées qui concernent le maintien de la tonalité. La plupart des organistes qui usent de ce mode d'accompagnement ne le présentent que par ses côtés défavorables, rien n'étant plus propre à les faire ressortir que ces monotones successions d'accords plaqués qu'ils font entendre sur le chant, réduit par là à la condition de ces basses insipides sur lesquelles on exerce les élèves des classes élémentaires d'harmonie.

235. Le spécimen qui suit, si peu intéressant qu'il soit, donne encore une idée trop avantageuse de ce qui se pratique communément en ce genre, l'harmonie y retenant au moins quelque chose d'insolite, qui procède de la tonalité, et qui relève un peu le caractère de cet accompagnement. On remarquera aussi que les cadences s'y trouvent caractérisées, à peu près autant que le permet le procédé de la basse.

Hymne AVE MARIS STELLA.

236. Réalisé dans des conditions de science et de richesse harmonique , qui ne permettent pas au premier venu d'y réussir, ce mode d'accompagnement est susceptible de produire des effets qui lui sont entièrement propres et qui prennent leur source dans la difficulté même de la position faite au contrapuntiste. Cette difficulté est telle, lorsqu'on arrive à la cadence finale , que l'on permet en pareil cas, pour avoir une conclusion qui satisfasse pleinement l'oreille, de modifier la mélodie elle-même, à laquelle on fait prendre alors les allures d'une basse proprement dite. On en a vu ci-dessus (174) un exemple dans la terminaison de l'antienne de Constance Porta, laquelle se fait par une formule de tradition, qui s'observe encore à la Chapelle pontificale dans l'exécution ordinaire du plain-chant. La répétition du dernier mot y est de rigueur.

Voici d'autres formules de conclusion extraites d'antiennes également traitées par ce maître et dans les mêmes conditions.

La leçon fournie par les livres de plain-chant était celle-ci, ou à peu près :

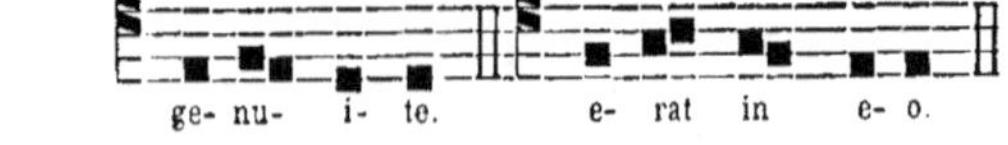

237. C'est surtout dans les intonations solennelles données par l'orgue seul que cette sorte de contre-point peut produire un effet vraiment im-

posant et grandiose. Mais il faudrait en ce cas, pour conserver autant que
possible à la mélodie sa signification, en séparer les incises par des silences plus ou moins prolongés, ce qui aurait en outre l'avantage de donner
par la rentrée du plain-chant un nouvel intérêt à la composition. Les anciens
contrapuntistes étaient dans l'usage de préparer cette rentrée dans les autres parties par des imitations (192, 234) tirées du chant lui-même. On a
essayé de réaliser ces différentes conditions dans la pièce suivante, qui
reproduit le chant déjà traité (235), et qui suffira pour donner l'idée d'un
genre de composition qu'on aurait tort de trop dédaigner.

TROISIÈME PARTIE.

CHAPITRE PREMIER.

DES MODES EN GÉNÉRAL.

§ I. *Principes de distinction des modes.*

238. On sait que la distinction des modes est fondée sur la diversité des séries d'octaves que l'on fait partir de chacun des degrés de l'échelle diatonique. Ces degrés, étant au nombre de sept, produisent par conséquent sept séries respectivement spécifiées par la position des demi-tons. On les trouvera représentées dans le tableau ci-dessous. (Les lettres placées en tête de chaque série horizontale sont celles qui, dans le système de la notation dite grégorienne, servent à désigner les cordes du système diatonique. — Les tirets [—] indiquent les demi-tons.)

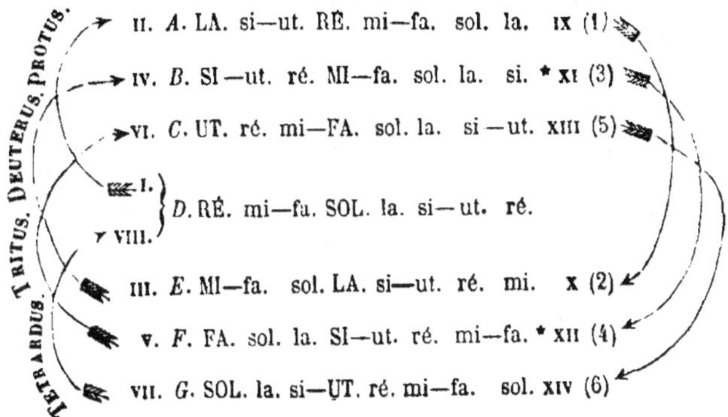

Chacune de ces séries forme ce qu'on appelle l'*ambitus* d'un mode c'est-à-dire l'échelle que la mélodie est appelée à parcourir, suivant qu'elle appartient à tel ou tel mode. Les chiffres placés à droite et à gauche de chaque série sont ceux par lesquels on est convenu de désigner ces différents modes, ainsi qu'on va l'expliquer.

239. Mais les modes ne se distinguent pas seulement par leur *ambitus*. Ils sont encore respectivement caractérisés par la *finale* propre à chacun d'eux.

On appelle *finale* la corde principale du mode, celle sur laquelle doivent nécessairement se terminer les pièces régulièrement composées dans ce mode et que, à ce caractère, on juge devoir lui appartenir.

240. Or, dans chacune des échelles modales ci-dessus figurées, deux cordes peuvent tour à tour remplir la fonction de finale ; ce sont la première et la quatrième, désignées toutes deux dans notre tableau par des lettres capitales. D'où la division des modes en deux classes : l'une, dans laquelle le mode, se terminant sur la première note de l'échelle, a toute son étendue au-dessus de sa finale ; l'autre, dans laquelle, la quatrième note étant prise pour finale, le mode s'étend également au dessus et au dessous de cette corde.

Dans le premier cas, le mode est appelé *authentique ;* dans le second, il est dit *plagal :* dénominations qui n'impliquent d'ailleurs aucun rapport obligé entre chacune de ces espèces de modes, et les formules de cadence qui portent les mêmes noms (110, 116).

241. La distinction des deux espèces, authentique et plagale, d'un même mode, très-importante au regard de la mélodie, l'est beaucoup moins en ce qui concerne l'accompagnement, auquel elle ne touche guère que par le côté pratique de la transposition, un mode plagal ne pouvant conserver sur le clavier la même finale que son authentique, sans se trouver par là hors de la portée des voix.

242. Cependant les anciens contrapuntistes ont déduit de cette distinction une théorie d'après laquelle les différentes parties de la composition musicale doivent se trouver l'une à l'égard de l'autre dans le rapport de l'authentique au plagal ; en sorte, par exemple, que, si un chant du 1ᵉʳ mode est placé à la partie de *tenor* ou de dessus, les parties d'*altus* et de basse seront écrites dans l'*ambitus* du plagal de ce mode, les deux autres parties se renfermant dans celui de l'authentique. Mais cette théorie, qui dérive de la considération des limites naturelles des voix autant pour le moins que de celle de la formation des échelles modales, n'a d'application que dans la composition vocale, matière qui n'est pas de l'objet de ce Traité (20).

243. Les modes authentiques et plagaux s'accouplent deux à deux, non en raison de la communauté d'*ambitus*, selon l'ordre de notre tableau, mais en raison de l'identité des finales. Ainsi, en supposant que la série *A* forme l'*ambitus* d'un mode authentique ayant LA pour finale, le mode plagal correspondant sera pris, non dans cette même série avec la finale RÉ, mais dans la série *E*, avec la finale LA. Cette correspondance est figurée dans ce même tableau par les flèches semi-circulaires, dont la direction, soit ascendante, soit descendante, procède toujours de l'authentique au plagal. Elle se réalise de la manière suivante.

Quinte commune.

Série *A*. *Mode authentique.* LA   si-ut   ré   mi-fa   sol   la.

— *E*...... mi-fa   sol   LA   si-ut   ré   mi. *Mode plagal.*

Et ainsi des autres séries.

244. L'exemple qui précède met en relief le fait caractéristique de la correspondance de l'authentique et du plagal, celui d'une quinte commune à l'un et à l'autre. De là résulte, pour les modes établis dans ce rapport de connexité, une telle similitude que chacun d'eux est considéré comme ne constituant à l'égard de l'autre qu'une espèce différente du même genre. A ce point de vue, on peut réduire à sept le nombre des modes: et cela avec d'autant plus de fondement que, en fait et dans certaines circonstances données, les espèces authentique et plagale d'un même genre ne se distinguent plus, soit à cause du peu d'étendue d'une mélodie, qui resterait dans les limites de la quinte générique commune, soit par la raison contraire, la mélodie s'étendant de plusieurs notes au-dessus et au-dessous de cette quinte, et franchissant ainsi les limites mêmes de l'octave : circonstance qui donne lieu à ce qu'on appelle *mode mixte.*

245. A part cette considération, qui est fondamentale, la classification des modes n'est qu'une affaire de convention. Sans chercher à établir entre eux un ordre qui a nécessairement quelque chose d'arbitraire, on pouvait se contenter de les désigner chacun par leur finale, en joignant à cette indication générique celle de leur qualité spécifique d'authentique ou de plagal. Toutefois, l'usage d'une nomenclature numérique a prévalu dans l'Eglise, qui n'en a même jamais connu d'autre : soit que ce système ait consisté à réunir sous une dénomination commune (*Protus, Deuterus*, etc.) les deux espèces de chaque genre (ce qui paraît être l'usage le plus ancien), soit que l'on assigne à chacun des modes, tant authentiques que plagaux, un numéro d'ordre distinct, en s'astreignant à ne donner à ceux-ci que des chiffres pairs et à ceux-là que des impairs, ce qui est la classification la plus généralement reçue depuis plusieurs siècles. On trouvera ces différents systèmes indiqués aux marges de notre tableau.

§ II. *Classification des modes.*

246. Le nombre des modes est un point qui fait plus de difficulté, à en juger du moins par les contestations auxquelles il a donné lieu. La nomenclature officielle de l'Eglise ne comprend que huit modes (ce sont ceux que l'on trouve marqués à la gauche de notre tableau). Et cependant il est certain, par la notation même des plus anciens monuments du chant ecclésiastique, que l'on y a toujours fait usage non-seulement des quatre finales (*ré, mi, fa, sol*) prétendues seules régulières, mais encore des trois autres. On explique cette réduction en disant que les échelles de *la, si* et *ut* ont beaucoup d'analogie avec celles de *re, mi* et *fa,* auxquelles on les assimile complétement au moyen du ♭ mol, ainsi qu'on peut s'en assurer en les comparant l'une à l'autre. Il n'est pas douteux, en effet, que cette considération n'ait fait transporter de son échelle propre dans celle de l'un des six premiers modes mainte pièce qui appartenait originairement à l'un des six derniers. Mais il faut voir là l'effet et non la cause de cette réduction.

Cette cause, indépendante de toute considération théorique, réside dans le fait de la psalmodie, qui, étant le point de départ de tout le chant ecclésiastique, a toujours conservé une influence considérable sur ses développements. Or, la psalmodie étant restreinte à huit formules principales, dont chacune représente un mode différent, dès qu'une pièce se trouve liée à l'une de ces formules (et la plupart des chants liturgiques sont ou ont été dans ce cas), on ne peut la rapporter à un autre mode qu'à celui auquel, à raison de cette circonstance, elle est réputée appartenir. Ajoutons toutefois que, dans ce cas-là même, la raison tirée du nombre sacramentel des formules psalmodiques n'est rien moins que décisive, plusieurs de ces formules pouvant très-bien, vu leur peu d'étendue, se noter également dans différentes positions, considération qui avait probablement échappé aux premiers législateurs du chant ecclésiastique, à une époque où l'état de la notation musicale ne permettait guère de se rendre un compte très-exact des faits de tonalité.

247. La force de la tradition ayant, en dépit de la théorie, maintenu dans la pratique l'usage de l'ancienne nomenclature, on a dû, pour concilier autant que possible les deux systèmes, faire rentrer dans cette nomenclature les modes qui ne s'y trouvaient point compris, en rattachant à chacun des modes déjà classés celui d'entre eux avec lequel il avait le plus d'affinité. De là l'usage reçu parmi les choralistes de comprendre sous le même numéro d'ordre deux modes établis sur deux finales différentes, l'un de ces modes se distinguant de l'autre par la qualificatiou d'*affinal* (ou autre analogue), qualification réservée à ceux des modes qui, dans le système de classification le plus étendu, continuent la série numérique des huit premiers.

Ce double système de classification se trouve représenté dans notre tableau (238). On y a marqué en chiffres romains, à la marge de droite, les numéros d'ordre que les théoriciens les plus récents ont donnés aux six derniers modes, et, du même côté, en chiffres arabes, ceux que leur assignaient les musiciens du moyen âge, en les rapportant aux six premiers.

248. Le nombre de quatorze, auquel une théorie aujourd'hui très-répandue voudrait porter la liste des modes, est l'objet d'une difficulté sérieuse. Tout mode, selon la doctrine constante des anciens, se composant d'une quinte et d'une quarte conjointes, on ne saurait admettre comme légitimement formés ceux qui ont pour finale la corde *si,* laquelle n'a au dessus d'elle qu'une quinte imparfaite (13). Cette objection se fortifie de l'autorité des faits, attendu que, des deux modes construits sur cette finale, l'un (l'authentique) ne saurait se justifier par aucun exemple tiré du corps du chant ecclésiastique, et l'autre (le plagal) ne peut revendiquer qu'un nombre d'exemples trop restreint pour qu'on puisse voir là autre chose qu'une anomalie. Telle est la doctrine commune des musiciens de la renaissance, tant choralistes que contrapuntistes [1], qui ont porté à douze seulement le nombre des modes, retranchant ceux qui, dans la classification nouvelle, portent les nos XII et XIII, et que nous avons, dans notre tableau (238), marqués d'un astérisque. Cette réduction semble d'autant mieux fondée que, au point de vue de l'harmonie, il paraît difficile de donner pour finale à un mode une note qui ne peut porter l'accord parfait (131), et sur laquelle on ne saurait par conséquent terminer aucune cadence.

§ 3. *De l'altération descendante comme principe de distinction des modes.*

249. Un fait commun à tous les modes, c'est celui de la *corde variante,* ainsi nommée parce que sa position dans l'échelle peut varier d'un demiton, au moyen de l'altération descendante. On sait que cette corde est fixée au septième degré de l'échelle diatonique (66, 1°), et c'est précisément pour cela qu'elle occupe une position différente dans chacune des séries modales (238), en sorte qu'elle constitue encore un moyen pratique de

---

[1] Du côté des choralistes il suffit de nommer Jumilhac, qui les résume tous. Quant aux contrapuntistes, il suffit également de citer Glaréan, dont le livre intitulé *Dodecachordon* a pour but principal d'établir cette nomenclature, et Zarlino, qui, dans ses *Institutions* comme dans ses *Démonstrations harmoniques,* l'a adoptée sans autre modification que de changer l'ordre des modes, qu'il fait commencer à partir de l'*ut.*

reconnaissance des modes. C'est à ce point de vue seulement que nous en parlons ici, les cas où elle doit varier ayant été précédemment l'objet d'explications suffisamment détaillées (191).

250. Une conséquence du rôle attribué à la corde variante comme principe de distinction des modes, c'est qu'elle constitue nécessairement un phénomène unique et qui ne saurait se reproduire sur d'autres degrés que celui auquel elle se trouve fixée. Autrement la distinction des échelles modales ne reposerait plus sur aucun principe certain, et l'essence même du système grégorien se trouverait gravement atteinte. C'est pourtant ce qui a été pratiqué dans une foule de plains-chants modernes où le *mi* apparaît dans certains cas avec le signe du ♭mol (sans que, bien entendu, le *si* se trouve bémolisé à la clef, ce qui ne constituerait qu'une pure transposition).

Une pareille irrégularité doit être évitée avec soin, non-seulement dans le chant lui-même, mais encore dans les parties d'accompagnement, qui sont, aussi bien que lui, astreintes à l'observation des lois tonales.

251. D'après l'enseignement des choralistes, le ♭ mol serait affecté plus spécialement à certains modes, et le ♮ carre à certains autres. Les Ier, IIe, IVe, V[e] et VIe modes seraient dans le premier cas, et les IIIe, VIIe et VIIIe dans le second [1]. C'est là une observation de fait incontestable en elle-même, mais qui n'a point une grande portée théorique, et qui, appliquée à la formation de l'accompagnement, pourrait induire en erreur. En effet, cette parenté du ♭ mol ou du ♮ carre avec tel ou tel mode est le résultat, non de la constitution même de ce mode, mais seulement des formes mélodiques qui s'y reproduisent le plus habituellement. Or, les parties d'accompagnement n'étant point astreintes à l'imitation de ces formes et n'ayant pas même pour fonction de faire ressortir le mode autrement que par le concours qu'elles prêtent à la réalisation des cadences (207), on conçoit qu'on ne saurait être tenu d'y faire partout dominer le ♭ mol ou le ♮ carre, selon que l'une ou l'autre de ces propriétés se trouverait en fait plus particulièrement accusée dans le chant. En suivant cette pente, on arriverait à transformer complétement l'échelle modale.

252. Quelques choralistes modernes, qui prétendent n'avancer en cela rien que de conforme aux théories admises au moyen âge, posent en principe général que le quatrième degré de l'échelle diatonique peut être appelé à remplir les fonctions de corde variante au moyen de l'altération ascendante, comme le septième au moyen de l'altération

---

1 « Primus tonus et secundus, quartus, quintus et sextus diligunt ♭ rotundum; tertius » vero, septimus et octavus utuntur ♮ quadrato. » Ms. du XIVe siècle (Bibl. Laurentienne de Florence), cité par M. Danjou dans ses articles sur l'accompagnement du plain-chant. (Revue de la musique, t. III, p. 411.)

descendante. Nous avons, au chapitre iie de notre première partie, reconnu qu'en effet ce phénomène se produisait dans quelques pièces con-
temporaines, selon toute apparence, de la première formation du
chant ecclésiastique ; et que, dans ce cas, les anciens, ne possédant,
pour exprimer l'altération ascendante, d'autre signe que le ♮ carre,
avaient dû représenter le quatrième degré par le ♭ mol, et transporter toute
l'échelle une quarte plus haut (62, 63). Nous avons constaté en outre que
le même phénomène se reproduisait encore dans quelques pièces plus
récentes, qui n'appartiennent pas, à proprement parler, au corps du
chant ecclésiastique, comme la Prose du Saint Sacrement (195, 196), et
autres pièces de ce genre.

Ces pièces appartenant pour la plupart aux viie et viiie modes, quelques personnes en ont conclu : les unes, que pour ces modes, la corde
variante, au lieu d'être fixée au septième degré et soumise à l'altération descendante, se trouvait transportée au quatrième et soumise à l'altération
ascendante; les autres, que ces mêmes modes les employaient concurrem-
ment l'une et l'autre. Aucune de ces deux opinions ne peut se soutenir. Il
n'y a, en thèse générale, aucune distinction réelle et fondée à établir entre
les modes, soit quant au siége de la corde variante, soit quant à la nature de
l'altération propre à cette corde. Et quant à l'anomalie que nous avons signalée (62), on en cite des exemples dans tous les modes, ce qui a porté les
choralistes modernes[1] à reconnaître une classe de modes qu'ils appellent
irréguliers ou *transposés*, et dont l'échelle, établie une quarte au-dessus
de celle du mode régulier correspondant, admet au quatrième degré l'altération ascendante par ♮carre, mais non celle du septième degré par ♭ mol.
L'exemple cité dans la première partie de ce Traité (*ibid.*) est dans ce cas ;
et il appartient, non au viie ni au viiie mode, mais au iiie.

§ IV. *Des modes équivoques.*

253. La bémolisation de la corde si étant, dans la notation du plain-
chant, le seul moyen qui permette de transporter un mode d'une finale à
une autre (246), ce sera aussi le signe auquel on pourra reconnaître que
ce transport a été réellement effectué. C'est pour cela que, dans certaines
éditions modernes de plain-chant, on avait pris le parti de marquer, en
pareil cas, le ♭ mol à la clef, ce qui, tout en constituant une innovation
dans l'ordre séméiographique, avait au fond l'avantage de prévenir toute
hésitation sur la nature de l'échelle modale. Mais alors même que le signe

---

[1] Voir entre autres le Traité si justement estimé de Léonard Poisson.

du ♭mol n'apparaîtrait que comme par accident dans le cours de la mélodie, le fait que la corde *si* s'en montre constamment affectée donnerait lieu de présumer qu'il y a transposition, et cette présomption se changerait en certitude, si ladite altération se produisait en dehors des relations tonales qui la rendent nécessaire (13, 190).

Un exemple va faire comprendre comment cette règle doit être appliquée.

On trouve dans la plupart des livres de plain-chant (et même dans ceux qui portent à quatorze le nombre des modes), la 5e antienne des Vêpres du *Corpus Domini* notée de la manière suivante :

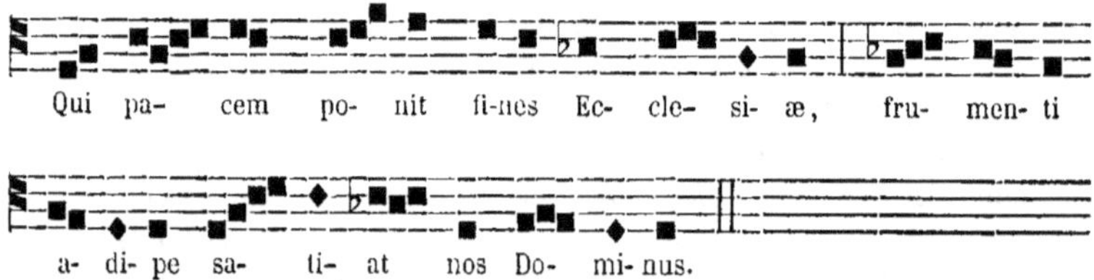

Il est évident que cette antienne appartient, non à l'échelle de *fa* sur laquelle on l'a notée, mais à celle d'*ut*, ou en d'autres termes qu'elle doit être rapportée, non au Ve mode proprement dit, mais à celui qu'on appelle XIIIe, Ve en C, ou affinal du Ve. La preuve en est que le si ♭ n'est pas employé une seule fois dans le cours de ce plain-chant pour prévenir la relation de triton ; en sorte que, dans le remarquable contre-point qu'il a composé sur ce morceau[1], le P. Constance Porta a pu, sans donner lieu à cette relation, faire porter le ♮ carre à tous les *si* de l'antienne ainsi ramenée à la forme du Ve mode proprement dit, ce qui d'ailleurs le dénature complétement. Aussi ne cite-t-on cet exemple que pour montrer combien il est nécessaire, au regard de l'accompagnement, plus encore que du chant considéré en lui-même, de se faire une idée exacte du système des modes et de n'en point restreindre arbitrairement le nombre.

254. Nous avons dit : « au regard de l'accompagnement plus encore que du chant. » A n'envisager, en effet, que la simple mélodie, il peut arriver qu'aucune raison décisive n'oblige à rapporter une pièce de chant à un mode plutôt qu'à un autre, toutes les notes de la série modale ne s'y trouvant point employées, ou celle-là qui seule pourrait décider

---

[1] Cette pièce, aussi bien que celles qui se trouvent citées au chapitre précédent (236), a été donnée par le P. Martini, dans le premier vol. de son *Esemplare di contrapunto*, etc., et reproduite, comme tous les autres morceaux de cette collection, dans le cinquième vol. de la grande compilation de Choron, intitulée: *Principes de composition des écoles d'Italie.*

de la véritable nature de l'échelle, c'est-à-dire le *si* ♭, n'y apparaissant que comme le résultat inévitable de la conduite de la mélodie (13).

L'adjonction de l'harmonie, au contraire, ne pouvant s'effectuer sans que la série modale laissée incomplète par la partie principale ne s'achève par le fait des parties d'accompagnement, on sent combien il importe au contrapuntiste de ne point se méprendre sur la véritable position du chant et de ne point accepter aveuglément sur ce chef toutes les données de la pratique.

255. Le chant férial du *Sanctus*, que nous avons rapporté au chapitre ɪɪ^e de notre seconde partie (181), nous fournira à cet égard un exemple d'autant plus remarquable que la fausse attribution de mode que nous allons y signaler ne consiste point simplement dans la confusion d'un mode avec son affinal (247), mais bien dans l'assimilation de deux modes qui n'ont entre eux aucune analogie.

Ce chant, qui n'est qu'une suite de celui de la Préface, et doit par conséquent appartenir comme lui au ɪɪ^e mode [1], se lit généralement dans nos livres usuels, transporté une quarte plus haut, ce qui lui a fait donner l'étiquette du vɪɪɪ^e mode, lequel ne s'y trouve d'ailleurs nullement caractérisé. Or, suivant que l'on adoptera l'une ou l'autre de ces deux attributions, on accompagnera ce morceau de deux manières fort différentes, sans rien changer d'ailleurs à sa mélodie. La comparaison des deux formules que nous avons données (181, d, e) fera apprécier cette différence, notamment au dernier *Hosanna*. Le ♭ mol placé à la clef, dans le second de ces exemples, indique que l'échelle du ɪɪ^e mode a été régulièrement transposée d'une quarte. Au contraire, l'auteur du premier modèle, ayant suivi l'indication fautive des livres de chœur, n'a employé le ♭ mol qu'accidentellement; mais la nécessité où il s'est trouvé de répéter fréquemment cette altération a jeté de l'indécision sur la tonalité du morceau, qui ne paraît point assez nettement caractérisée.

256. La remarque à laquelle vient de donner lieu le *Sanctus* de la messe des féries s'applique également à l'*Agnus Dei* du même rit, qui sert aussi pour la messe des morts. Ici le transport du chant hors de sa véritable échelle a produit un inconvénient beaucoup plus grave, puisque ce n'est rien moins qu'une altération positive de la tonalité, par la substitution d'une seconde majeure à une seconde mineure. Voici un exemple d'accompagnement de ce chant, ainsi altéré dans presque tous les livres, exemple

---

[1] Les livres des Chartreux nous donnent raison sur ce point. On sait avec quelle immobilité les traditions liturgiques se sont maintenues dans cette branche de l'ordre monastique. On trouvera ce chant avec sa notation véritable dans la savante *Dissertation* de M. l'abbé Petit *sur la Psalmodie*. (Paris, Didron.).

tiré d'une publication présentée par son auteur comme une imitation fidèle de l'harmonie des anciens maîtres [1].

Nous ne nous arrêterons pas à faire remarquer que cet accompagnement pèche contre les règles établies dans ce traité, au sujet de l'altération ascendante (69). Nos observations ne porteront que sur le caractère indécis et contradictoire de la tonalité, lequel se manifeste principalement dans le contraste que présente la dernière incise par rapport à la seconde, contraste que l'harmonie rend encore plus saillant, mais dont le principe se trouve dans le chant lui-même, nous voulons dire dans le *si* ♮ (*) mal à propos introduit dans cette mélodie, pour la faire rentrer dans l'échelle du viiie mode. Une circonstance qui aurait dû éclairer les choralistes sur le caractère erroné de cette attribution, c'est que, contrairement à l'esprit de la tonalité grégorienne, l'*ambitus* de cette mélodie ainsi présentée se réduit à un tétracorde excédant, c'est-à-dire dont les cordes extrêmes forment l'intervalle de triton (191, 2°). Aussi a-t-on, dans certains livres, corrigé cet excès en donnant au *si* le signe du ♭ mol [2], ce qui restitue à la mélodie

[1] J. G. Mettenleiter, *Enchiridion chorale* (p. 57). Ratisbonne, Pustet, 1854. Ouvrage édité avec tout le soin et le luxe de bon goût qui se font remarquer dans les publications de l'éditeur de la *Musica divina*. — L'auteur n'ayant placé sous le plain-chant qu'une simple basse chiffrée, selon l'usage généralement suivi de l'autre côté du Rhin, nous avons suppléé les deux autres parties d'après ses indications.

[2] C'est la leçn du *Directorium chori romani*, de J. Guidetti. Pitoni (192), qui s'y est conformé, en a tiré un contrepoint de la plus grande richesse sans doute, mais d'une tonalité confuse, parce que le ♭ mol y paraît employé arbitrairement et sans nécessité.

sa véritable forme, mais ne suffit pas pour faire reconnaître le mode, lequel ne saurait être que le 11e. En partant de cette donnée, on pourra réaliser de la manière suivante l'accompagnement de ce morceau.

§ 5. *Des Cadences comme principe de distinction des modes.*

257. La détermination de l'échelle modale et la fixation du siége de la corde finale à l'extrémité inférieure ou à un point intermédiaire de cette échelle ne donnent au mode que sa constitution, pour ainsi dire, matérielle. C'est dans le jeu des cadences que se manifestent son caractère propre et sa physionomie mélodique, le siége de ces cadences variant d'un mode à l'autre, par une conséquence forcée du déplacement du point de départ à chaque changement d'échelle modale.

Les anciens choralistes ont posé en principe que nulle cadence ne pouvait se faire sur une corde distante de la finale de plus d'une quinte; mais cette règle n'est pas sans exceptions, certaines pièces offrant l'exemple de cadences sur la sixte et même sur la septième au-dessus de leur finale [1].

258. On distingue en deux classes les cordes qui peuvent servir de siége à une cadence; les unes reçoivent le nom de *modales*, les autres celui de *participantes*.

Les principales cordes modales sont la *finale* et la *confinale* située une quinte au-dessus, et sur laquelle, dans certains cas qui peuvent passer pour des irrégularités, la pièce de chant vient se terminer, au lieu de revenir à la finale (203), comme, par exemple, dans le *Kyrie* de première classe (1er ton); particularité qui ne se présente d'ailleurs que dans les modes authentiques.

On considère encore comme corde modale celle qui est située une tierce

---

1 Dans l'introït du 1er dimanche de l'Avent, qui est du 1er mode, la cadence qui correspond au mot *desuper* se fait sur l'*ut* aigu, septième de la finale; le même fait se reproduit, pour le septième mode, dans l'antienne *Angelus ad pastores ait*, sur ce dernier mot; dans le même mode, la médiation de la psalmodie se fait sur le *mi*, sixte supérieure de la finale, ce qui a été taxé d'irrégularité par l'auteur cistercien du traité attribué à saint **Bernard** et imprimé dans les œuvres de ce grand docteur, etc.

ou, dans certains modes, une quarte au dessus de la finale, aussi bien que les cordes extrêmes, grave et aiguë, de l'*ambitus* de chaque mode. Mais cette dernière n'est jamais le siège d'aucune cadence.

Les *cordes participantes* sont celles qui, après les cordes modales, sont considérées comme les plus propres à asseoir des cadences.

Quant à la valeur respective de ces deux sortes de cadences en tant que contribuant à déterminer le sens mélodique (201), sauf celle de la *finale* et de la *confinale*, il serait assez difficile de l'assigner. Le plus sûr est de s'en référer là dessus à la pratique.

259. Les bons traités de plain-chant [1] donnent pour chaque mode la liste des cadences qu'on y peut réaliser. Nous ne la reproduirons point ici, par le motif que, n'envisageant ce chant que dans ses rapports avec l'harmonie, il nous suffit de reconnaître en général quelles notes de l'échelle diatonique peuvent servir de siège aux cadences, et de déterminer les formules harmoniques applicables à chacun de ces cas mélodiques; ce qui a été fait ci-devant (210, 211). Quant à l'emploi régulier des cadences par rapport au mode, c'est au choraliste compositeur, et non point à l'harmoniste, à y pourvoir, le rôle de celui-ci se bornant à appliquer de son mieux aux cadences mélodiques préfixées les formules harmoniques les plus propres à en faire ressortir la signification.

260. Dans le cas où une cadence mélodique peut s'accompagner de plusieurs manières différentes, il faut donner la préférence à celle qui paraît le plus analogue à la nature du mode, c'est-à-dire dans laquelle la basse tombe sur une des cordes le plus communément affectées, dans la mélodie, aux cadences de ce mode.

C'est pour cela que, en thèse générale, aucune cadence de conclusion ne peut se réaliser, dans la partie de basse, sur la corde variante bémolisée, laquelle n'est jamais, dans quelque mode que ce soit, le siège d'une cadence mélodique.

261. Nous donnerons, à la suite de cet ouvrage, une suite de formules à la fois mélodiques et harmoniques, qui serviront de démonstration de la manière de traiter les cadences relativement à chacun des modes. Ces formules, dont nous n'avons écrit que le chant et la basse, forment la seconde série de nos *Exercices pratiques*.

---

[1] J. Millet, *Directoire du chant grégorien*, Lyon, 1666; Jumilhac, *Science et pratique du plain-chant*, 1673; 2ᵉ édit., 1847; Léonard Poisson, *Traité théorique et pratique du plain-chant*, 1750; Ad. de Lafage, *Cours complet de plain-chant*, 1855; etc., etc.

CHAPITRE II.

DES MODES EN PARTICULIER.

262. Après avoir exposé le système général des modes et constaté ce qui est commun à la plupart d'entre eux, il resterait à soumettre chacun d'eux à un examen spécial et détaillé, qui ferait reconnaître toutes les particularités qui s'y rencontrent.

Mais cette méthode, qui est celle des choralistes, et qui est appropriée au but qu'ils se proposent, ne rentre point dans le plan de ce Traité, dont la matière nous semble maintenant à peu près épuisée. Aussi, dans la revue que nous allons faire, avons-nous principalement pour but de fortifier, en les rappelant sous une autre forme, quelques observations déjà présentées, et de revenir sur certains points de détail que la marche de notre travail nous avait forcé d'omettre ou d'abréger.

Dans cette revue des modes, nous comprenons sous une seule et même rubrique l'authentique et le plagal du même genre, et, laissant de côté l'ordre suivi dans la nomenclature officielle, nous en adoptons un autre que nous déduisons de la superposition des quintes à partir de *fa*, classification, selon nous, plus rationnelle que toutes celles que l'on a proposées, parce qu'elle fait mieux saisir les analogies et les différences caractéristiques des échelles modales.

Cet ordre est celui que nous avons adopté dans la 2ᵉ série de nos *Exercices pratiques* (261).

MODE DE *FA* (Vᵉ ET VIᵉ TONS).

263. On doit, dans ce mode, avoir particulièrement égard à la corde variante (249), qui, suivant qu'elle prend le ♮ carre ou le ♭ mol, lui donne un caractère très-différent. L'emploi habituel que l'on fait de ce dernier dans certains plains-chants modernes dénature absolument ce mode et l'assimile à celui d'*ut*. Il faut donc, pour lui conserver son véritable caractère, rester le plus qu'on pourra dans la propriété de ♮ carre, qui donne à ce mode quelque chose d'âpre et d'austère que l'accompagnement ne doit point affaiblir. Ce caractère résultera, en ce qui concerne l'harmonie, du contact immédiat des accords de *mi* et de *sol* avec celui de *fa*.

264. L'observation qui précède s'applique spécialement à l'espèce authentique. Quant au plagal, l'emploi du ♭ mol y est si fréquemment nécessaire, que la plupart des pièces écrites sur son échelle pourraient et devraient souvent être rapportées au mode d'*ut*.

265. Les anciens contrapuntistes ont souvent fait usage, dans leurs compositions du vi° ton, d'une cadence caractéristique qui n'est pas sans charme (211, 3°, *i*), malgré une sorte d'irrégularité qu'on pourrait lui reprocher, et quant à sa formation (*ibid.*), et quant à la conduite des parties, qui y procèdent toutes par mouvement semblable (39). De plus, en supposant qu'elle se réalise dans le mode de *fa*, l'accord terminal de cette cadence viendrait à tomber sur une corde qui n'est point apte à la recevoir (260); cas qui justifie la supposition que la pièce appartient au mode d'*ut* (264).

MODE D'*UT* (xiii° et xiv°, ou 5° et 6° affinaux).

266. Ce mode, qui a la même constitution que le mode majeur de la musique moderme, n'a pas moins de suavité que d'éclat. Cette dernière qualité brille principalement dans l'espèce de l'authentique, et la première dans celle du plagal.

Quoique la corde variante soit peu employée dans l'espèce authentique de ce mode, l'accompagnateur ne se fera pas scrupule d'en faire usage dans les parties concomitantes, avec assez de sobriété toutefois pour que l'échelle demeure toujours reconnaissable et ne se confonde point avec celle de *sol*.

Quant à l'espèce plagale, au contraire, quelques plains-chants anciens et un plus grand nombre de modernes affectent d'y faire entendre le ♭ mol d'au-dessous de la finale, qui n'est nullement nécessaire, au regard des relations tonales; ce qui a fait transporter certaines pièces de ce mode dans l'échelle de *sol*. On peut citer, comme offrant un exemple de cette particularité, l'antienne *Ave Regina,* telle du moins qu'elle est notée dans les livres de certaines églises.

MODE DE *SOL* (vii° et viii° tons).

267. L'élévation du *fa* par le dièse étant souvent requise dans l'accompagnement de ce mode, il faudra éviter de donner à cette altération un caractère de permanence qui ferait prendre le change sur la nature de l'échelle modale. C'est surtout au début du morceau qu'il importe de pré-

venir toute incertitude sur ce point. Celui de la prose *Lauda Sion* présentant quelque difficulté à cet égard, nous en donnerons la formule.

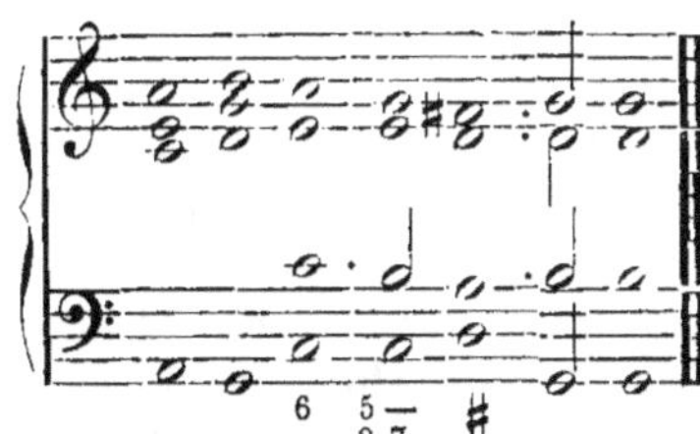

Nous aurions pu éviter le *fa* ♯ dans la première cadence, et accompagner ainsi :

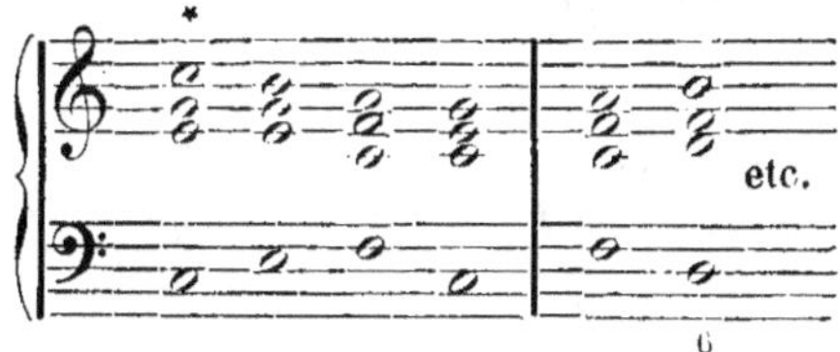

Mais la formule que nous avons préférée nous a paru marquer davantage le sens mélodique et concorder mieux avec la clausule finale, dans laquelle l'altération ascendante est de rigueur [1].

268. Nous avons dit que quelques pièces de chant, au lieu de se terminer sur la finale de leur mode, s'arrêtaient sur la confinale (258). Or

---

[1] Il est assez étrange que, dans une édition récente, on ait donné à cette clausule, sur la foi de quelques manuscrits, une tournure mélodique pénible et tourmentée, au lieu de la leçon généralement admise, que sa noble simplicité doit faire préférer par tout homme de goût. Il ne valait guère la peine de gâter une belle mélodie pour faire disparaitre une altération ascendante qui est entrée dans les habitudes populaires (195). Notre leçon est d'ailleurs la plus commune, même dans les manuscrits.

l'Antiphonier romain actuel présente quelques cas dans lesquels le viie mode est traité de cette manière, bien qu'une transposition maladroite y fasse perdre de vue la véritable nature de l'irrégularité en question. Le type le plus connu de cette irrégularité, c'est l'antienne *Nos qui vivimus,* des vêpres du dimanche, que l'on a commencé depuis longtemps à noter sur l'échelle du i[er] mode, mais qui, s'arrêtant sur le *sol,* finale du viiie, est communément attribuée à ce dernier, qualifié en ce cas d'*irrégulier,* bien que le ♭ mol qui s'y rencontre lui enlève toute espèce d'analogie avec ce mode. Les choralistes qui ont le mieux connu la nature de cette anomalie rétablissent l'antienne sur son échelle naturelle, c'est-à-dire sur celle du viie mode, en sorte que la prétendue finale *sol* se trouve être un *ré,* corde confinale de ce mode [1].

Si l'on se rappelle ce que nous avons dit plus haut à propos d'un cas analogue (255), on comprendra que le rétablissement de cette antienne sur sa véritable échelle modale n'est point une circonstance indifférente au point de vue de l'accompagnement, ainsi que l'a très-bien aperçu le savant P. Martini, lorsque, à propos de l'application du contre-point à cette cantilène, il en a recherché la véritable tonalité. On le comprendra mieux encore en voyant l'accompagnement de cette antienne, et on remarquera que le ♭mol, qui apparaît à l'antépénultième accord, n'aurait pu être employé si l'on avait conservé au chant la position qui lui est assignée dans les antiphoniers actuels, parce qu'alors ce ♭ mol se serait rencontré sur le *mi,* qui ne peut être corde variante (66, 1°).

Outre l'antienne précédente, l'Antiphonier romain contient quelques

<hr>

[1] Hanc tamen antiphonam a **D.** Ambrosio propriis septimi toni clavibus ductam...., in d *la sol re,* propria confinali (quod plurimum in authenticis disposuit) terminatam fuisse, vetustissimus antiphonarum liber mihi propalavit. Gafori, *Musica pract.,* l. iii, c. xiv. — A ce témoignage de Gafori constatant la véritable notation de cette antienne (et il ne serait pas difficile d'en produire d'autres tout aussi positifs), se joint un fait que nous croyons avoir signalé le premier, savoir qu'au ixe siècle l'auteur du plus ancien traité de plain-chant qui soit venu jusqu'à nous, Aurélien de Réome, attribuait à ce type d'antiennes la psalmodie du viie ton. (Voir le texte de cet auteur, au 1er vol. des *Scriptores* de Gerbert, p. 52, et de plus une note développée du P. Martini dans le 1er vol. de son *Esemplare di contrapunto,* et notre dissertation déjà citée sur le *Chant ambrosien,* page 62.)

autres pièces dans lesquelles se reproduit la même anomalie modale ; ce sont les antiennes *Martyres Domini*, du commun des Martyrs, et *Spiritus Domini*, des laudes de la Pentecôte, l'hymne de l'Avent, *Verbum supernum prodiens*, etc.

MODE DE *RÉ* (Ier ET IIe TONS).

269. La particularité la plus remarquable de ce mode par rapport à l'accompagnement, c'est l'emploi du ♮ carre, qui sert à le caractériser, et qui doit nécessairement amener, comme dans le mode de *fa*, des successions d'accords tout à fait étrangères aux habitudes de la musique moderne et à la constitution du mode mineur de cette musique, avec lequel on tend parfois à confondre celui-ci. On devra donc s'appliquer à vaincre l'espèce de difficulté qui peut résulter de l'emploi de cette corde, et ne lui faire porter le ♭ mol que lorsque cela sera nécessaire.

270. Quant au plagal de ce mode, comme il ne fait point usage de la corde *si* placée une tierce mineure au-dessous de sa finale (corde qui, dans le chant, ne doit jamais être bémolisée) et n'emploie guère le *si* supérieur sans le ♭ mol, qui, dans cette circonstance, est inévitable à raison de la conduite de la mélodie (191, 2°), il en résulte qu'il semble par là se confondre avec son affinal (ou plagal du mode de *la*). Mais ce n'est point une raison pour établir cette assimilation, l'accompagnement pouvant et devant user des notes que la mélodie laisse muettes (254).

MODE DE *LA* (IXe ET X^e, OU 1er ET 2e AFFINAUX).

271. Autant l'existence du plagal de ce mode se trouve constatée par le nombre considérable de pièces dans lesquelles il est réalisé (et qui appartiennent pour la plupart à la classe des ♮♮. graduels), autant celle de son authentique est équivoque et contestable. La raison de cette différence est que, dans les pièces de cette dernière espèce, la corde caractéristique, c'est-à-dire la sixième note au-dessus de la finale, par laquelle il se distingue du mode authentique de *ré*, n'apparaît guère que dans des circonstances identiques à celles qui rendraient nécessaire le *si* ♭ mol dans ce dernier mode ; en sorte que celui de *la* ne se trouve plus caractérisé que d'une manière purement négative. On ne devra donc point supposer trop facilement que les pièces du Ier ton, écrites en *ré*, dans lesquelles le ♭ mol serait en fait employé d'une manière continue, sont transposées de l'échelle de *la* (253).

Une autre circonstance s'oppose à ce que ce mode soit nettement caractérisé dans les pièces qu'il semble revendiquer : c'est que la corde variante,

qui a son siége immédiatement au-dessus de la finale, ne s'y montre jamais.
Tout au contraire, le plagal, faisant usage de sa tierce majeure inférieure
fa, est obligé de bémoliser le *si* pour régulariser les relations de ces deux
cordes, circonstance qui le rend très-reconnaissable et ne permet de le
confondre avec aucun autre.

272. Il est une formule d'antiennes qui revient très-fréquemment dans
l'office, et dont la modalité a été et est encore très-diversement appréciée
par les choralistes. C'est celle que donnent, sous l'étiquette de *4ᵉ ton irrégulier* (252), les livres qui la notent sur l'échelle de *la,* tandis que d'autres,
la rapportant au ɪᴠᵉ ton régulier, l'écrivent une quarte plus bas avec la
corde *mi* pour finale. Cette dernière pratique est venue très–certainement
de l'usage, qui s'est établi postérieurement au ɪxᵉ siècle, d'accoler à la
psalmodie du ɪᴠᵉ mode les antiennes ainsi modulées, lesquelles gouver-
naient primitivement celle du ᴠɪɪᵉ, comme nous l'apprenons d'un auteur de
ce temps [1]. Voici cette formule suivant l'une et l'autre leçon. On observera
que la seconde ne modifie la première qu'en faisant disparaître le demi-ton
du seul passage où il se montre (*), afin de laisser dans le vague la nature
de l'échelle et de faire accepter ainsi plus facilement par l'oreille le changement opéré dans la modalité.

La première de ces formules nous fait voir que le chant ecclésiastique
n'avait point originairement cette parfaite régularité, résultat d'une complète subordination à des théories absolues qui ne sont nées que postérieurement à sa formation primitive et l'ont débarrassé d'un grand nombre
d'anomalies. Celle-ci consistait en ce que l'antienne, qui gouvernait une
psalmodie du ᴠɪɪᵉ ton, au lieu de se terminer sur le *sol,* finale de ce ton,
s'arrêtait sur le *la.* C'est ce qui a amené sans doute les Cisterciens du
xɪɪᵉ siècle [2], grands fauteurs des théories absolues et ennemis acharnés
des anomalies en fait de chant, à donner à cette formule la terminaison
régulière du ᴠɪɪᵉ ton (ex. *a* ci-dessous), tandis que, dans les églises où l'on
continuait à la rapporter au ɪᴠᵉ, on aimait mieux remplir par des notes
intermédiaires le double saut de tierce qui précède la cadence finale, et

<hr>

1 Aurélien de Réome, *loc. cit.* (268, *note*).
2 Voir le Traité cité plus haut (257, *note*).

cela afin de caractériser autant que possible l'espèce de l'échelle modale (ex. *b*). D'autres, enfin, adoptant un moyen terme qui a passé dans plusieurs antiphoniers, ont jugé à propos de laisser l'antienne dans son état primitif jusques à la conclusion exclusivement, qu'ils ont prétendu ramener au moyen du *si* ♭ au IVe mode transposé à la quarte supérieure (ex. *c*) ; ce qui ne produit qu'une modalité illogique et incohérente.

La leçon primitive, la plus élégante assurément au point de vue de la mélodie, est aussi celle qui nous paraît se prêter le mieux à l'application de l'harmonie. On trouvera ci-après un essai de la manière de la réaliser. Nous l'avons fait suivre d'un faux-bourdon psalmodique qui nous semble se lier à l'antienne mieux que ceux qu'on pourrait obtenir de la psalmodie ordinaire du IVe mode, dont celle-ci n'est d'ailleurs qu'une modification en usage dans plusieurs églises.

Faux-bourdon.

MODE DE *MI* (IIIe ET IVe TONS).

273. La particularité la plus saillante de ce mode, c'est sa cadence finale, qui est différente de celle de tous les autres modes, et cela non-seule-

ment quant à sa forme mélodique, mais aussi quant à la manière de l'accompagner. La plus régulière est celle qui consiste à faire usage de la cadence plagale, en sorte que la basse du dernier accord tombe sur l'unisson ou
l'octave du chant (211, 1°, *b*); ce qui suppose que celui-ci se termine par une
tenue ou une duplication de la dernière note (218). En dehors de cette
circonstance, on emploie soit la cadence directe du 3e degré (126, *e*), lorsque
le chant se termine par un mouvement de seconde mineure descendante
(211, 2°, *f*), soit la cadence à la sixte du même degré, lorsque le chant fait
un mouvement de seconde majeure ascendante (*ibid.*, 6°, *t*). Cette pratique
est conforme à celle des grands contrapuntistes du xvıe siècle [1]. Cependant
quelques-uns d'entre eux, continuant en cela les traditions de l'âge précédent (115, 2°), ont employé en ce cas la cadence plagale dans laquelle la
dernière note de basse fait entendre la quinte au-dessous de la finale du
chant, comme dans les exemples suivants :

Rien ne s'oppose à ce qu'on fasse usage de ces dernières formules ; toutefois les premières sont préférables, surtout pour terminer la pièce.

274. Le plagal de ce mode fait souvent usage du ♭ mol de la même
manière et dans les mêmes cas que le mode de *ré*, c'est-à-dire lorsque la
mélodie ne s'élève pas au-dessus du *la*. Dans l'accompagnement, il faut éviter de placer cette altération dans le voisinage de l'accord final de *mi*, à
cause de la contradiction tonale qui résulterait d'un pareil rapprochement (193). On ne saurait donc approuver la manière dont le ♭ mol se
trouve employé dans le passage suivant, qui termine un motet, d'ailleurs
excellent, de Vincent Ruffo, compositeur contemporain de Palestrina. Ce
♭ mol a en outre l'inconvénient d'être inutile dans l'ordre des relations
tonales.

275. La cadence finale du mode de *mi*, dont la tradition s'était conservée chez les organistes sous le nom bizarre de *ton du quart*, est généralement considérée par les musiciens comme une terminaison incomplète

---

[1] Fétis, *Revue de la musique religieuse*, t. ı, p. 113.
[2] *Musica divina*, t. ı, p. 288.

du mode mineur qui s'arrête sur la dominante [1]. Il ne faut pas beaucoup de réflexion pour comprendre que cette explication est vicieuse, parce qu'elle procède d'une confusion entre la tonalité de l'ancienne musique ecclésiastique et celle de la musique moderne. La tierce diésée de l'accord de *mi*, qui fait prendre celui-ci pour l'accord de dominante du ton de *la mineur*, n'a pas d'autre origine que l'habitude, encore générale au commencement du siècle dernier [2], de faire entendre invariablement la tierce majeure sur l'accord final, alors même que cette tierce était étrangère à l'échelle naturelle du mode (128), effet auquel les musiciens modernes ont donné le sobriquet de *tierce de Picardie*. Que l'impression produite par cette cadence rappelle en quelque façon notre mode mineur, il est dif·ficile de voir là un motif suffisant pour la proscrire, cette analogie résultant d'un fait postérieur à l'origine de la tradition qui a consacré cette formule, et non de l'influence de la tonalité moderne sur la manière d'appliquer l'harmonie au chant ecclésiastique.

MODE DE *SI* (xie et xiie, ou 3e et 4e batards).

276. Nous avons exposé les raisons qui doivent faire rejeter ce mode (248). A part un exemple tiré de l'Antiphonier parisien, et dans lequel il est facile de reconnaître une transposition fautive (l'invitatoire des matines de Noël, correctement noté dans les livres d'usage romain), on ne peut citer aucune pièce dans laquelle se trouve caractérisée l'espèce authentique de ce mode.

277. Quant à l'espèce plagale, on ne saurait lui attribuer indistinctement toute pièce de chant du ive mode dans laquelle le *si* ne se montrerait jamais qu'affecté du ♭ mol. Les motifs allégués à cet égard à propos du ixe mode (271) peuvent être invoqués ici avec d'autant plus de fondement, qu'il y a moins de raison de multiplier les exemples d'une anomalie tonale comme celle-ci. Ainsi la plupart des pièces de chant que certaines éditions attribuent à ce mode, comme l'introït *Resurrexi* du jour de Pàques, l'antienne *Inter vestibulum* de la cérémonie des Cendres, etc., resteront classées parmi les modèles du ive ton proprement dit; ce qui aura l'avantage, au point de vue de l'accompagnement, de permettre de traiter, dans les parties concomitantes, la corde *si* tantôt comme ♮ carre, tantôt comme ♭ mol,

---

[1] V. le Dictionnaire de musique de J. J. Rousseau, vv. *Ton du quart*, *Tons de l'Eglise*, *Mode mixte*.

[2] « A la fin d'une pièce... l'usage veut, et l'oreille demande qu'on rende la 3^{ce} *majeure* accidentellement, si elle ne l'est pas naturellement. » Séb. de Brossard, Dict. de mus., v. *Modo*, in fin.

en la faisant mouvoir librement, ce qui serait interdit si cette corde re-
présentait le quatrième degré de l'échelle diatonique (252, 68).

278. Toutefois il est quelques pièces, très-peu nombreuses d'ailleurs,
auxquelles on ne saurait assigner une autre finale que le *si* ♮. Ce sont celles
dans lesquelles on trouve employé le *fa* placé à la distance de quarte excédante de cette finale. Telle est l'antienne *Per signum Crucis* (communion
de la messe de la Sainte Croix), le ℟. des morts *Subvenite* (dans quelques
éditions seulement), etc.

Mais, le mode en question n'existant pas réellement au point de vue de
l'harmonie (248), il faudra considérer les pièces de ce genre comme appartenant à l'espèce authentique de *mi,* avec conclusion sur la corde confinale (258). La cadence finale se ferait alors à la basse sur la quinte inférieure *mi,* ce qui achèverait de caractériser le mode qui a cette corde pour
finale. On a vu précédemment (273) que cette manière de traiter la cadence
finale du mode de *mi* est justifiée par l'exemple des anciens contrapuntistes.

Cela posé, voici une formule d'accompagnement de ce mode, tirée de
l'antienne précitée.

279. Parmi les pièces originairement composées dans ce mode et qu'une

transposition fautive fait rapporter à celui de *mi*, on peut citer le chant ordinaire du Symbole (195). Cette transposition, qui, pour ce morceau, paraît avoir commencé de bonne heure à s'établir dans les livres, nous la trouvons réalisée dans une composition à quatre parties sur ce plain-chant, monument précieux par sa date, puisqu'elle nous reporte au moins à la fin du xve siècle, et qui peut être l'objet d'une étude intéressante de la part de ceux qui s'occupent pratiquement de l'accompagnement du chant ecclésiastique. Nous voulons seulement appeler l'attention sur l'influence qu'a dû nécessairement exercer cette transposition arbitraire sur l'harmonie adaptée à ce chant. Les extraits que nous donnons ci-après de ce morceau en renferment à peu près toute la substance [1].

[1] Le public doit la connaissance de ce morceau à M. F. Danjou, qui l'a extrait d'un graduel manuscrit de la bibliothèque de Gand, daté de 1471, et donné dans le 3e vol. de la *Revue de musique religieuse*. — Nous avons, dans notre citation, interverti, sans autre changement, l'ordre des parties d'*altus* et de *dessus*.

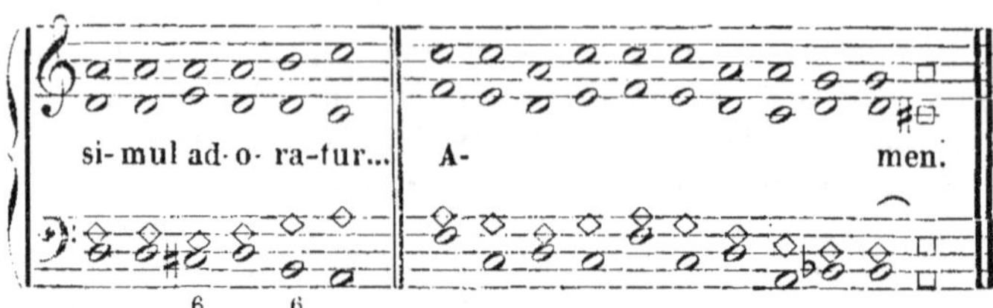

Il nous semble que la tonalité de cette pièce eût été plus franchement accusée, si l'harmoniste, rétablissant la mélodie sur les cordes de son mode primitif, avait procédé ainsi :

Le reste du morceau, y compris la cadence finale, n'a rien qui répugne à cette modification, et peut s'adapter aussi bien au mode de *si* qu'à celui de *mi*.

CHAPITRE III.

DE LA PSALMODIE.

———◦◦⦂◯⦂◦◦———

280. Dans l'énumération que nous avons faite des cordes modales (258),
nous n'avons pas mentionné celle que tous les traités de plain-chant assignent à chaque mode comme la principale après la corde finale, celle
que l'on rebat le plus souvent, « sur qui le chant a davantage son cours, son
retour et son soutien [1], » et que par ces motifs on nomme *dominante*.
La raison de cette omission est : 1° que, au point de vue de l'accompagnement, la considération de cette corde est de nulle valeur, par cette
raison qui saute aux yeux : que sa prépondérance dans la mélodie tient
uniquement à sa position dans l'échelle modale, position qui est nécessairement tout autre dans les parties concomitantes que dans la partie
principale (242); 2° il s'en faut de beaucoup que, dans la vraie théorie du
plain-chant, telle qu'elle se trouve exposée par les auteurs du moyen-âge, la
considération de la *dominante* occupe la place que lui ont donnée les modernes; 3° en fait, il serait souvent difficile de reconnaître la *dominante*
dans les pièces de plain-chant autres que les formules psalmodiques, et il
est visible que cette corde n'influe sur le caractère de la mélodie qu'à proportion que la pièce a plus ou moins de liaison ou d'analogie avec cette
sorte de formules [2].

281. C'est donc proprement, et, à certains égards, exclusivement dans
la psalmodie que se manifeste le rôle de la dominante. Toutefois, dans l'accompagnement de cette partie même du chant ecclésiastique, il ne saurait

[1] Jumilhac, part. iv, chap. iii.

[2] Nous n'apporterons d'autre preuve de cette assertion que le *Kyrie* du rit simple donné
comme type du iii° mode par MM. Niedermeyer et d'Ortigue dans leur *Traité de l'accompagnement du plain-chant*, où est établi comme doctrine fondamentale le rôle prépon-
dérant de la dominante dans l'harmonie comme dans le chant lui-même. Il est remarquable que la mélodie de ce *Kyrie*, qui paraît en cela obéir à la loi primitive de formation
du iii° mode (v. la dissertation déjà citée sur le *Chant ambrosien*. pp. 58 et suiv.), roule
bien plus sur la corde *si* que sur la corde *ut*, que les savants auteurs lui assignent
cependant pour dominante, conformément à l'enseignement commun des choralistes.

10

être question d'imposer à cette corde une fonction harmonique analogue à celle qu'elle remplit dans la mélodie. Les anciennes formules d'accompagnement des chants psalmodiques, connues sous le nom de *faux-bourdons* (151), n'impliquent rien de semblable, l'harmonie y procédant à l'égard de la dominante absolument de la même manière que pour les autres notes du chant. On ne cherche point non plus, comme dans la psalmodie traitée en contre-point figuré, à y varier à chaque instant l'accompagnement de cette note, ce qui sortirait des conditions du genre et ne servirait qu'à compliquer l'exécution (181); seulement l'harmonie change parfois à la reprise de chant qui suit la médiation, ce qui est ordinairement d'un effet excellent.

282. Nous ne donnerons point ces formules, qui se trouvent partout[1]. Nous conseillerons seulement aux artistes chargés d'harmoniser le chant des psaumes, soit en le faisant chanter en faux-bourdon, soit en l'accompagnant sur l'orgue, de se conformer, autant que les circonstances le permettront, à ces formules, qu'il serait le plus souvent impossible de remplacer avec avantage, parce qu'elles réalisent en général la perfection du genre par la distinction non moins que par la plénitude de leur harmonie. Il est fâcheux qu'on n'ait pas toujours tenu compte de cette partie de la tradition ecclésiastique en matière de chant dans les innombrables publications de plain-chant harmonisé qui se sont faites et se font encore de nos jours. Si l'on compare, par exemple, au faux-bourdon du VIIᵉ mode que nous avons donné ci-dessus (151, ex. *c*, 171), le suivant qu'on a proposé de lui substituer.

etc.[2]

---

[1] Les anciens faux-bourdons de l'Eglise de Paris, publiés par l'abbé Roze, ont été reproduits par M. A. de Lafage dans son *Cours complet de plain-chant* (p. 590), ainsi que ceux de la Chapelle pontificale (p. 601) qui avaient été donnés par Choron dans le 5ᵉ volume de ses *Principes de composition*. On trouve dans les *Etudes sur la restauration du chant grégorien au XIXᵉ siècle*, de M. Th. Nisard (p. 205 et suiv.), quelques anciens faux-bourdons psalmodiques, entre autres ceux de Th. Morley (228). Le 3ᵉ vol. de la *Musica divina* renferme une très-riche collection de faux-bourdons psalmodiques, parmi lesquels on remarquera ceux qui portent le nom de J. A. Bernabei, lequel parait s'être proposé de recueillir d'anciens faux-bourdons plutôt que d'en composer de nouveaux. Ils reproduisent souvent la leçon de la Chapelle pontificale, et sont d'ailleurs les plus simples et les plus faciles de toute la collection. Enfin, le *Manuel de psalmodie* par l'auteur du présent traité n'est guère composé non plus que de formules anciennes.

[2] *Revue de la musique religieuse*, tome I, p. 504.

on ne pourra s'empêcher de trouver bien plate la cadence de la médiation, qui est d'un effet si heureux dans l'ancienne formule, et l'on observera
qu'à une harmonie pleine et bien écrite la nouvelle en substitue une très-
pauvre et mal distribuée, puisque, des deux accords de cette cadence, le
pénultième a sa basse doublée à l'unisson, et le dernier sa quinte doublée à
l'octave (18, 19). De plus, la conduite de la partie d'*altus* a quelque chose
de très-disgracieux par la manière dont l'altération ascendante s'y trouve
amenée (142, 2°).

283. La comparaison des deux faux-bourdons suivants du VIIIe ton, dont
l'un est ancien et dont l'autre est l'œuvre du maître de chapelle de l'église
dans laquelle nous l'avons entendu exécuter, donnerait lieu à des observations du même genre.

Quelle supériorité dans la première de ces formules, sur la seconde, quant
à la fermeté et à la variété des mouvements de basse, à la liaison des accords et à la distribution des intervalles (28, 1°, 39, 50, *e,* 18)!

284. Les diverses formules psalmodiques que fournissent les livres de
chœur ne convenant pas également à l'harmonie, et plusieurs d'entre elles
ne s'y pliant même que très-difficilement, il serait à désirer que, dans tous
les cas où la psalmodie se montre revêtue d'un accompagnement, on
modifiât à cet égard, autant qu'il serait nécessaire, les indications de
l'antiphonier, sans que, d'ailleurs, il fût jamais permis d'accoler à une antienne une psalmodie d'un mode différent, ainsi qu'on le voit pratiquer
quelquefois sous prétexte que le mode ne possède pas de faux-bourdon
convenable. Ce cas se vérifie particulièrement en ce qui concerne le
IVe ton, dont la principale terminaison psalmodique, finissant par une

chute de tierce mineure (218), paraît avoir été de tout temps l'écueil des harmonistes. Voici quelques spécimens de la manière dont elle a été traitée :

a) *Revue de mus. relig.*, p. 501.
b) Th. Nisard, *Études*, etc., p. 215.
c) Th. Morley (228).
d) L'abbé Roze (282, *note*).
e) J. A. Bernabei (*ibid.*).

La 1re formule, outre qu'elle a l'inconvénient de se terminer par un accord mineur (218), ne saurait appartenir au ive ton régulier, à raison de la quinte *si-fa* ♯, qui est en dehors de l'échelle grégorienne (14, 2°), mais qui, en se faisant accepter comme le résultat d'une transposition à la quarte inférieure, ferait rentrer ce faux-bourdon dans le mode que nous avons appelé *4e irrégulier,* et pour lequel nous avons proposé un faux-bourdon spécial et préférable à celui-ci (272).

La 2e formule évite ces défauts; mais l'accord majeur par lequel elle se termine ne caractérise aucunement le mode.

La cadence par laquelle se termine la 3e formule est d'autant plus digne d'observation dans un ancien contrapuntiste, qu'elle est plus en dehors des habitudes de l'école à laquelle il appartient. La marche descendante imposée ainsi au *sol* ♯ dans les parties de basse et de *ténor* (68) est, d'ailleurs, d'un effet peu heureux au regard de la mélodie.

Nous n'avons pas besoin de relever le mauvais effet de la fausse relation (70) qui termine le 4ᵉ exemple.

Quant au 5ᵉ et dernier, il n'échappe aux inconvénients signalés dans les autres qu'au moyen d'un artifice qui excède les limites du genre et empiète sur le domaine de la musique figurée (166). Aussi, malgré la supériorité avec laquelle il est traité, nous ne saurions le proposer absolument comme un modèle, puisqu'il se place de lui-même en dehors des conditions dans lesquelles nous avons dû nous renfermer. Il est remarquable, d'ailleurs, qu'il soit le seul de son espèce qui ait trouvé place dans le recueil dont nous l'avons extrait, lequel ne contient que des faux-bourdons à peu près exclusivement syllabiques ; ce qui est une nouvelle preuve de la difficulté toute spéciale que renfermait ce cas particulier, et justifie l'opportunité de l'examen auquel il vient de donner lieu.

285. La conclusion à en déduire, c'est que les psalmodies du ivᵉ ton qui se terminent par une chute de tierce (et cette observation s'applique également aux versets du *Te Deum* qui suivent la même formule), ne pouvant donner lieu, dans leur application à l'harmonie, qu'à des combinaisons pénibles dont on ne saurait, avec des ressources aussi bornées que celles du contrepoint de note contre note, dissimuler les côtés désavantageux, devront souffrir, si l'on persiste à en faire usage, une modification qui permette d'y adapter une harmonie régulière (218). Cette modification consisterait à faire passer dans le chant une note intermédiaire *) pour préparer la cadence [1] :

286. La terminaison ordinaire du vᵉ ton donne lieu à des observations

---

[1] Une pareille modification se trouve dans quelques tables de psalmodie, notamment dans celle que Nivers a donnée à la suite de sa *Dissertation sur le chant grégorien* (Paris, 1683).

analogues : chacun des faux-bourdons suivants en reproduit exactement la mélodie, tout en assignant à la note finale une fonction harmonique différente, selon que cette note se rencontre avec la basse en unisson (*a*), en quinte (*b*) ou en tierce (*c*).

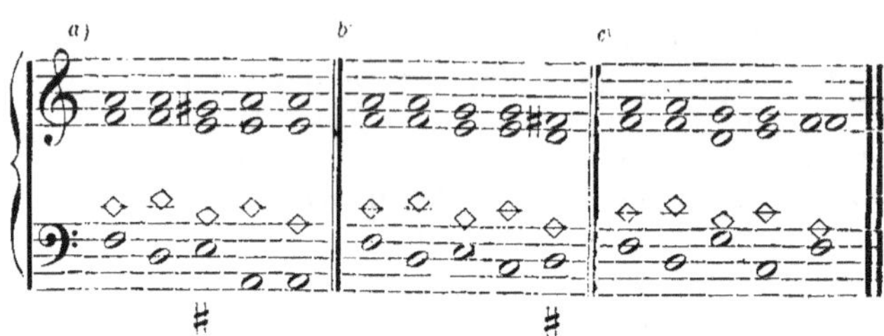

a) *Revue de la mus. relig.*, t. 1, p. 501. — *Manuel de psalmodie* (Avignon). — *b*) Ms. de la bibl. de Pérouse. — *c*) Th. Morley, Bernabei, Roze. etc.

D'après les principes posés plus haut au sujet de la perfection relative des cadences (215), la première formule devrait être préférée à la seconde, et celle-ci à la troisième, qui serait la moins parfaite de toutes. Mais cette première formule en *la* a le défaut de laisser l'oreille sous l'impression de la tierce mineure, ce qui est probablement le motif pour lequel les anciens n'ont point pratiqué ce mode d'accompagnement, qui paraît cependant si naturel.

La seconde formule, qui est ancienne, mais ne paraît pas avoir jamais été très-répandue, se termine par une succession d'accords qui ne saurait satisfaire l'oreille, parce que, loin de caractériser l'achèvement ou la suspension régulière du sens musical, elle laisse l'auditeur dans l'attente d'un complément de cadence qu'elle semble annoncer et qui ne se réalise point.

Si la troisième formule conclut avec peu de fermeté, parce qu'elle fait tomber la finale de la mélodie sur la tierce de l'accord, motif qui nous a fait rejeter une cadence toute semblable dans un faux-bourdon du IVe ton (285), elle a au moins l'avantage de caractériser nettement le mode. Aussi a-t-elle été adoptée généralement et se retrouve-t-elle dans tous les anciens recueils de faux-bourdons.

287. Observons, enfin, que l'usage d'y bémoliser le *si* de la partie de *tenor*, usage qui s'est généralisé dans certaines contrées et s'autorise même de l'exemple de la Chapelle pontificale, est une dérogation formelle à la constitution du Ve mode (263), dérogation qui a pris sa source dans la tendance des musiciens à assimiler l'échelle de ce mode à celle de notre mode majeur. Cette vicieuse routine a contre elle non-seulement l'autorité des meil-

leurs choralistes, qui sont unanimes à noter avec le ♮ la formule en question, mais encore celle des anciens contrapuntistes, qui ont traité dans les mêmes conditions de tonalité les psaumes et *Magnificat* de ce mode, toutes compositions dans lesquelles cette même formule se trouve rappelée avec plus ou moins de persistance [1].

[1] V. par ex. le 3ᵉ vol. de la *Musica divina*. Des différentes compositions du vᵉ ton qui y sont contenues (faux-bourdons, psaumes, *Magnificat*), il n'y a qu'un *Magnificat* de Roland de Lassus, dans lequel le *si* se trouve bémolisé; mais on sait combien cet illustre maître était porté par la nature de son génie à franchir les limites de la tonalité dont nul peut-être plus que lui, parmi ses contemporains, ne semble avoir pressenti la prochaine transformation.

CHAPITRE IV.

DE LA TRANSPOSITION.

———∞∶∞∶∞———

288. Nous avons signalé plus haut (241) la nécessité de transposer certains modes qui s'écarteraient trop de la portée des voix des exécutants. Il n'est point de l'objet de ce traité d'entrer dans le détail de cette opération, qui est connue de tous les musiciens, et qui, en ce qui concerne le plain-chant, se trouve décrite dans la plupart des ouvrages qui traitent de ce chant au point de vue de la pratique.

289. La méthode la plus commune à cet égard est celle que l'on désigne sous le nom d'*unisson des dominantes,* parce qu'elle consiste à réaliser sur le même degré les *dominantes* (280) ou cordes psalmodiques de tous les modes, dont l'échelle se trouve ainsi rapportée sur le clavier à différentes gammes plus ou moins chargées de dièses ou de bémols, selon que la dominante *pratique* conserve plus ou moins d'analogie tonale avec la dominante *théorique* ou écrite qu'elle doit représenter.

Un tel système appliqué au jeu d'un instrument à sons fixes, comme l'orgue, suppose dans l'accord de cet instrument l'emploi du *tempérament égal*[1] : autrement quelques-unes de ces transpositions seraient intolérables à raison de la dureté et même de la discordance de certains intervalles harmoniques. Aussi voyons-nous qu'au temps où cette sorte de tempérament n'était pas en usage, l'unisson des dominantes ne s'observait point dans les parties de l'office dans lesquelles l'orgue devait intervenir[2].

Il en est autrement aujourd'hui, les orgues s'accordant généralement d'a-

[1] On entend par *tempérament* une certaine altération de la justesse absolue des quintes et des tierces, altération reconnue nécessaire, dans l'accord des instruments à sons fixes, pour arriver au partage de l'octave en 12 demi-tons. Le tempérament est dit *égal* ou *inégal,* selon que cette altération s'étend ou non à tous ceux de ces intervalles qui se trouvent compris dans l'étendue de l'octave ainsi divisée.

[2] Voir les tables de réduction des tons d'église, dans les recueils de pièces d'orgue du xviɪᵉ siècle, et celles qu'ont publiées Brossard et J. J. Rousseau dans leurs *Dictionnaires.*

près le principe du tempérament égal, qui a ses inconvénients aussi bien
que ses avantages. Or, la transposition ne devant jamais porter la moindre
atteinte à la constitution des échelles modales, et la pratique de l'unisson
des dominantes donnant lieu parfois à des cas compliqués par la multipli-
cité des accidents, l'accompagnateur aura, dans ce système, plus d'efforts
à faire pour ne pas perdre de vue la tonalité du morceau.

Il devra donc, pour arriver à un degré suffisant d'habileté dans cette
partie de ses fonctions, s'exercer à transposer dans tous les tons du clavier
des pièces de chaque mode. Les leçons données à la suite de cette méthode pourront servir à cet usage.

290. En outre des inconvénients que de bons juges reconnaissent exister
dans le système du tempérament égal [1], au point de vue de la pureté de
l'accord, la pratique de l'unisson des dominantes en a d'autres qui lui sont
propres : 1° Elle ne tient pas suffisamment compte de l'*ambitus* respectif des
modes dont la transposition devrait faire coïncider autant que possible les
limites respectives, pour atteindre complétement son but, qui est de placer
le chant dans la véritable portée des voix; 2° Elle amène des disparates
choquantes dans la succession de certains modes, comme par exemple du
premier et du second ; 3° Elle n'est fondée que sur la considération abu-
sive de la prépondérance d'une corde modale, considération que nous
croyons avoir réduite à sa juste valeur (280). Aussi serait-il à désirer que
cette pratique ne s'étendît pas à d'autres parties de l'office qu'à la psalmodie
(y compris bien entendu ses annexes), au regard de laquelle seulement
elle peut avoir quelque avantage réel.

Pour les autres parties de l'office, on pourrait établir entre les modes un
ordre de relation tel que le suivant, qui était généralement reçu au xvii^e
siècle [2] :

Observons toutefois que, pour les ve et viie modes, la finale *ré* serait
préférable. Il est probable que ce sont les nécessités du tempérament inégal qui en auront fait adopter une autre.

291. Il serait aussi à désirer que l'on renonçât à l'habitude, si générale
dans le nord de la France, de chanter le plain-chant dans un diapason
qui n'est accessible qu'aux voix de basse (232), habitude extrêmement gê-
nante au regard de l'accompagnement réalisé par l'orgue, lorsqu'on
s'astreint à maintenir le chant à la partie supérieure, attendu que la masse

1 Voir à ce sujet un travail de M. Vincent, de l'Institut, sur la *tonalité ecclésiastique*
et la *musique du* xve *siècle*, publié dans la *Revue archéologique* (1858).

2 J. d'AVELLA, *Regole di musica*. Rome, 1657. Cf. JUMILHAC, p. iv, ch. ix, n. 7.

de l'harmonie se trouvant par là rejetée dans la région la plus grave du clavier, il en résulte un effet sourd et peu agréable (33).

292. Les règles prescrites généralement au sujet de la transposition, ont l'inconvénient de porter les organistes à assimiler les modes du plain-chant à ceux de la musique moderne, ce qui conduit à altérer ces modes dans l'exécution et surtout dans l'accompagnement. Le meilleur moyen de ne pas tomber dans cet inconvénient serait de se guider dans cette opération, moins par la considération du mode que par celle de l'échelle diatonique elle-même, qui doit toujours se retrouver intacte dans la construction de n'importe laquelle des échelles modales. Il suffira pour cela de prendre pour terme de comparaison, non la finale ou la dominante écrite du morceau, mais l'*ut*, point de départ de l'échelle diatonique, et d'identifier dans son esprit cet *ut* théorique avec le point de départ de l'échelle transposée que l'on aura choisie pour l'exécution [1].

293. Mais il est une corde que l'on ne doit jamais perdre de vue, parce que c'est principalement elle qui détermine la nature de l'échelle modale : c'est la corde variante (249). Faute d'attention suffisante sur ce point, on s'expose à faire tomber l'altération descendante sur d'autres degrés, et à détruire par là toute l'économie du mode.

Soit, par exemple, le premier répons des matines de Noël, qui est du ve ton, en *fa,* et se termine ainsi :

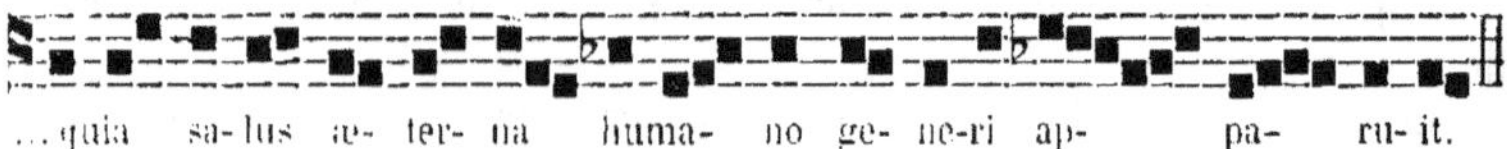

Si l'on demande à l'organiste de baisser d'un demi-ton ce morceau pour la commodité du chœur, il devra le supposer écrit dans la gamme de *si*, et le lire par conséquent dans sa pensée sur une clef armée de cinq dièses, conformément à la figure suivante :

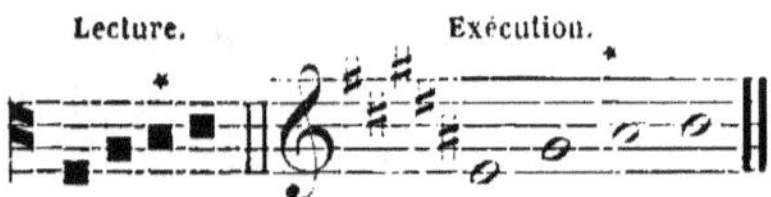

La note marquée d'un astérisque, qui de *si* ♮ devient *la* ♯, est la seule de l'échelle qui puisse être affectée de l'altération descendante. On sortirait donc de la tonalité si l'on réalisait ainsi l'accompagnement [2] :

---

[1] Voir à ce sujet le chapitre vi du traité de MM. Niedermeyer et d'Ortigue, dans lequel cette pratique est exposée avec la plus grande clarté.

[2] *Mettenleiter*, Enchir. chor., p. 159.

Le *ré* naturel, qui apparaît à chaque instant dans la basse, et qui doit être réalisé souvent dans les parties intermédiaires indiquées par les chiffres, représente par la transposition le *mi* ♭, note absolument étrangère à l'échelle du ve mode.

CHAPITRE V.

DE L'ORGUE DANS SES RAPPORTS AVEC L'ACCOMPAGNEMENT DU PLAIN-CHANT.

294. Les principes exposés dans tout le cours du présent traité s'appliquent essentiellement à l'accompagnement du chant ecclésiastique considéré en lui-même, et abstraction faite de l'agent à l'aide duquel il est réalisé. Néanmoins, pour nous renfermer autant que possible dans une donnée pratique et mettre nos lecteurs à même de soumettre à une expérimentation immédiate l'enseignement que nous leur apportions, nous avons dû nous placer tout d'abord et nous maintenir fermement dans l'hypothèse qui se prêtait le mieux à cette opération, en même temps qu'elle constituait le fait le plus général en cette matière, nous voulons dire l'accompagnement du plain-chant par l'orgue.

295. Mais cet accompagnement lui-même réalise deux hypothèses distinctes : ou l'orgue fait entendre seul la mélodie du plain-chant, ou il marie ses sons aux voix qui l'exécutent. C'est principalement en vue de cette dernière hypothèse que nous avons travaillé ; c'est pour ne pas nous en écarter, que nous nous sommes attaché spécialement et presque uniquement au mode d'accompagnement le plus simple et le plus élémentaire (169).

296. Dans l'hypothèse, au contraire, où l'orgue exécute seul le plain-chant, il n'est point nécessaire que l'accompagnement se renferme dans d'aussi étroites limites ; il est même désirable qu'on l'en fasse sortir, puisque autrement on ôterait à la science harmonique et à l'art de l'organiste une de ses applications les plus intéressantes et les mieux assorties aux convenances du culte divin.

Remarquons en outre que, en dehors de l'exécution vocale, le plain-chant, privé de son principal moyen d'effet, ne saurait se passer d'un accompagnement dont l'intérêt le dédommage d'une pareille perte. Et c'est parce que l'emploi des ressources variées du contre-point figuré répondait à ce besoin, que les anciens maîtres s'y étaient appliqués avec une sorte de prédilection et lui avaient fait produire des chefs-dœuvre. Mais, pour marcher avec succès sur leurs traces, les indications renfermées dans cet ouvrage seraient plus qu'insuffisantes. Aussi n'ont-elles pour but que d'inspirer, s'il est possible, à quelques-uns le désir de pénétrer dans la carrière dont elles signalent l'entrée, et de poser quelques jalons qui aident à s'y reconnaître.

297. Il y a tout lieu de croire que, dans les temps qui suivirent de plus près l'introduction de l'orgue dans la célébration de l'office divin, cet instrument se bornait à soutenir les voix qui exécutaient le plain-chant, ou au moins celle de quelque chantre désigné à cet effet et alternant avec la masse du chœur. Au moins est-il permis de l'inférer du texte du *Cérémonial des Evêques*, qui, après avoir prescrit la récitation distincte des versets figurés par l'orgue, dit qu'il serait préférable qu'ils fussent chantés par quelqu'un du chœur en même temps que l'orgue les joue. Si cette conjecture est fondée, l'accompagnement du plain-chant, tel qu'il se pratique aujourd'hui, ne serait qu'un retour à l'usage le plus ancien. Bientôt, pour laisser à l'orgue une plus grande liberté d'allures, le député se contenta de réciter à haute voix le texte du verset, tandis que l'orgue en reproduisait plus ou moins exactement la teneur mélodique. Les nécessités du cérémonial obligeant parfois les organistes à prolonger leurs pièces au delà du temps requis pour l'exécution pure et simple du chant donné, ils s'appliquèrent à développer celui-ci à l'aide des combinaisons que leur fournissait le contre-point, et dans un style analogue à celui des compositions vocales dont le thème était tiré du plain-chant. Une heureuse rivalité s'établit à cet égard entre eux et les maîtres de chapelle, rivalité qui ne contribua pas moins aux progrès de la musique d'orgue qu'à ceux du contre-point vocal. Enfin, la tonalité qui informait jusque-là non-seulement le plain-chant, mais encore la musique, venant à s'altérer, puis à se corrompre entièrement dans celle-ci, pour faire place à une tonalité nouvelle, les organistes ne tardèrent pas à s'affranchir, eux aussi, de ce qu'ils considéraient comme des lisières incommodes, bien que l'obligation d'alterner avec le plain-chant exécuté par les chantres les ait contraints pendant quelque temps encore à conserver, dans celles de leurs compositions qui avaient cette destination spéciale, certaines formes mélodiques et harmoniques étrangères à la musique moderne, restes précieux de l'ancienne tonalité qui eux-mêmes n'ont pas tardé à disparaître. L'usage, qui s'est maintenu dans quelques églises, de faire exécuter par l'orgue, conformément à la teneur même du plain-chant, le verset initial des parties de l'office dans lesquelles cet instrument alterne avec le chœur, est tout ce qui subsiste aujourd'hui de l'ancien état de choses. Une autre pratique qui en venait également, consistait à traiter en manière de fugue le premier verset d'orgue qui suivait l'intonation, en prenant pour sujet les premières notes du plain-chant de ce verset. C'est à peine si notre génération a connu les derniers organistes demeurés fidèles à cette docte tradition, dont les gens à succès faciles ont si bien réussi à dégoûter le public.

298. Aujourd'hui la musique par laquelle on permet à l'orgue de remplacer les versets que le chœur ne chante pas n'a plus non-seulement aucune connexité mélodique ni aucune analogie quelconque de caractère avec ceux que l'on exécute, mais accuse encore une tonalité toute différente et emprunte une partie de ses effets à un rhythme symétrique qui est tout l'opposé du rhythme vague et indéterminé du plain-chant (168, 200). Par là se trouve interrompu à chaque instant le contexte d'une mélodie qui avait son unité et son enchaînement, mais dont il ne reste plus que des lambeaux épars, reliés entre eux par d'autres fragments qui font avec eux la plus étrange disparate. Ce que deviennent dans un pareil mélange les modes ecclésiastiques, ceux-là surtout qui s'éloignent le plus des habitudes de la musique moderne, on n'a pas de peine à le comprendre. L'orgue, par exemple, répondra à un verset de plain-chant du iv* ton par une pastorale en *la* mineur, ou par une romance en *ut* majeur à un verset du viii*! Et ce dialogue bizarre se poursuivra pendant tout un office, semblable à la conversation de deux personnes de nation différente, dont aucune n'entendrait la langue parlée par son interlocuteur.

Il est inutile de demander à qui dans cette lutte restera la victoire. Les faits parlent assez d'eux-mêmes. Dans un office ainsi exécuté, le rôle brillant appartiendra toujours et sans contestation possible à l'orgue, et le chant du chœur n'aura plus en apparence d'autre but que de donner à l'organiste le temps de préparer ses combinaisons de registres. On sait, d'ailleurs, quels développements ont pris dans plusieurs de nos églises, dans celles précisément où la célébration des offices est entourée de plus d'éclat, ces sortes d'intermèdes musicaux, que les progrès de la facture ont contribué encore à faire sortir de plus en plus de leur véritable caractère, en mettant à la disposition des organistes une foule de jeux de détail imaginés en vue de certains effets entièrement propres à la musique moderne. En sorte que ce qui reste de plain-chant dans l'office se trouve comme noyé dans le déluge produit par l'irruption de cette musique, irruption qui, d'ailleurs, ne devait pas s'arrêter là, et qui a fini par faire supplanter l'orgue par l'orchestre, comme elle avait fait supplanter la tonalité ecclésiastique et l'harmonie consonnante par la tonalité moderne et l'harmonie dissonante qui en est inséparable.

En traçant ce tableau dont l'exactitude ne sera contestée par personne, nous avons supposé que, tant du côté du chœur que du côté de l'orgue, les choses se passaient, comme elles se passent en effet, dans les églises qui ont pu s'attacher un personnel d'artistes assez intelligents pour se faire une juste idée de leurs fonctions, assez habiles pour ne pas rester au-dessous de cette idée, et assez consciencieux pour s'y conformer dans tous les détails de leur service. Nous avons supposé que le plain-chant était exécuté dans toutes les conditions de bonne émission du son, de justesse et de phrasé qu'il comporte. Nous avons supposé que l'organiste était un artiste sérieux, élevé à l'école des grands maîtres, et capable d'exécuter convenablement leur musique, comme d'en produire de son propre fonds qui ne fût point indigne de se faire entendre après elle. Or, on ne le sait que trop, la célébration de l'office divin présente en beaucoup de lieux un spectacle tout différent de celui-là. La mauvaise et inintelligente exécution du plain-chant, qui est si commune aujourd'hui, y sert de repoussoir au talent d'un organiste qui n'obtient jamais de plus grand succès qu'en répondant au *Kyrie* par une réminiscence de l'opéra à la mode, ou, comme l'a écrit quelque part un de nos plus spirituels prédicateurs [1], en émaillant de polkas le chant du *Magnificat*.

299. Les rôles étant ainsi distribués entre l'orgue et le chœur, si l'on juge à propos de faire accompagner celui-ci soit par un autre orgue, soit par celui-là même qui est chargé des interludes, quelle figure fera cet accompagnement? et d'après quels principes sera-t-il réalisé? Si, pour rendre moins choquante la disparate qui existe entre les versets figurés par l'orgue et le plain-chant exécuté par le chœur, on applique à ce chant l'harmonie moderne avec ses dissonances attractives, ses notes sensibles et ses tendances chromatiques plus ou moins réalisées, on fait un mélange hybride de deux tonalités contradictoires, et l'on achève ainsi de ruiner ce qui restait de l'élément grégorien dans la célébration des offices. Si, au contraire, on s'astreint à ne donner au plain-chant d'autre accompagnement que celui que comporte sa tonalité toute diatonique et que l'ancienne tradition classique lui attribue, la disparate entre l'orgue et le chœur devient doublement choquante, parce que, au lieu de porter sur la mélodie seulement, elle porte tout à la fois et sur la mélodie et sur l'harmonie, la parité qui s'établit alors entre les interlocuteurs au regard de la combinaison simultanée des sons ne faisant que rendre plus sensible la diversité de procédés et de caractères qui les sépare l'un de l'autre.

300. Nous supposions tout à l'heure que l'accompagnement du plain-chant se conformait aux règles tracées dans cette méthode. Mais qu'advien-

[1] M. l'abbé Mullois, *Cours d'éloquence sacrée*.

drait-il si, outrant les conséquences du principe selon lequel le plain-chant se trouve constitué, on s'interdisait de l'accompagner avec d'autres éléments que ceux qui composent l'échelle grégorienne, non plus modifiée facultativement par des altérations ascendantes qui n'en détruisent point l'essence diatonique (64), mais réduite à ceux-là seulement qu'admettait l'ancienne théorie et qu'indique la notation (221)? On peut assurer, et l'expérience le prouvera surabondamment à qui voudra la tenter, que ce système imaginé *a priori* et sans précédents dans l'histoire de l'art, devient, par sa juxtaposition à l'harmonie moderne, quelque chose de plus inacceptable encore au jugement de l'oreille, laquelle cependant pourrait, absolument parlant, s'y habituer, en l'absence de tout terme de comparaison.

301. Les conclusions que nous croyons pouvoir tirer des considérations qui précèdent nous paraissent avoir quelque importance au regard de la restauration de la musique religieuse considérée dans deux de ses branches principales : le plain-chant et la musique d'orgue. Nous les recommandons à l'attention des lecteurs de ce traité, dont elles forment le couronnement naturel.

En premier lieu, si la liberté absolue laissée aux organistes, quant aux motifs, à la facture et au style de leurs interludes, annule complétement l'effet du plain-chant ainsi alterné et enlève à ce chant toute son importance, en même temps qu'elle produit un contraste choquant au point de vue du goût, il est nécessaire de prendre des mesures efficaces pour mettre un terme à ce désordre compromettant pour la dignité du culte divin. En supposant que ces mesures ne doivent, en ce qui touche à l'exécution du cérémonial, apporter aucun changement à l'état actuel des choses, voici ce qu'il paraîtrait convenable de statuer à cet égard :

1° Le genre d'harmonie mis en œuvre par l'organiste, dans la facture de ses versets ou interludes, ne s'écartera pas *sensiblement* de celui que la tradition a fixé pour l'accompagnement du chant ecclésiastique. On s'appliquera particulièrement à y conserver à chacun des modes son caractère, et on s'astreindra aux formules de cadence qui leur appartiennent respectivement. On saura s'y préserver également d'un goût mélodique inspiré de la musique moderne, et qui trancherait trop vivement sur le fond grégorien.

En apportant à cette proposition de réforme l'espèce de restriction qu'indique le mot souligné plus haut, nous avons pour but de rappeler une distinction de tout temps reconnue entre le style vocal et le style instrumental, distinction fondée sur la considération des conditions d'exécution propres à l'un et à l'autre, et qui est toute au profit de ce dernier, parce qu'elle le maintient en possession d'une plus grande liberté dans l'usage des éléments harmoniques qu'il emploie et des formes qu'il peut créer;

pourvu, bien entendu, qu'il ne s'écarte pas de l'esprit de la tonalité ecclésiastique et respecte toujours la constitution des anciens modes.

2° Dans tous les morceaux dont la mélodie forme un contexte suivi qui se développe d'une strophe à l'autre (comme les chants communs de la messe, les séquences, etc.), l'organiste s'astreindra à reproduire fidèlement cette mélodie en la revêtant d'un accompagnement aussi intéressant qu'il lui sera possible de le faire [1] (296). Dans le cas où le même motif mélodique viendrait à se reproduire plusieurs fois, comme dans la plupart des *Kyrie*, il pourra se contenter de le rappeler plus vaguement, de manière cependant à altérer le moins possible la contexture générale de la pièce.

3° Pour les morceaux dont la mélodie se répète sur chaque strophe ou verset, comme sont les hymnes et les cantiques, il est convenable que l'organiste la reproduise textuellement la première fois (surtout s'il joue la première strophe, après l'intonation du choriste [2]). Il pourra la répéter encore quelque autre fois en variant l'accompagnement, ou en tirer un thème propre à être traité en style fugué (297). Pour les cantiques psalmodiés, qui se prêtent moins à cette espèce de développement, il pourra s'y affranchir de tout motif donné, mais à condition de faire toujours sentir le mode.

4° Quant aux moyens de procurer l'exécution de ces mesures, on n'en voit pas de plus convenable à tous égards que la formation d'un manuel ou *livre d'orgue* qui renfermerait des formules variées de versets dans tous les modes du plain-chant et des arrangements spéciaux des différentes messes, hymnes et séquences dans lesquelles l'orgue peut intervenir. La matière de ce recueil pourrait être fournie, en partie du moins, par les anciennes collections de musique d'orgue du XVIᵉ et XVIIᵉ siècle, passées aujourd'hui à l'état de raretés bibliographiques. Sa publication serait, en tout état de cause, un des plus signalés services que l'on pût rendre, non-seulement à ceux des organistes que le défaut d'études spéciales mettrait dans l'impossibilité de satisfaire par leurs propres ressources aux conditions de ce programme, mais encore aux plus habiles même d'entre ces artistes, qui, habitués à un tout autre style, ne se mettraient pas sans difficulté à la pratique de celui-ci. Il n'est pas douteux que cette publication n'en fît bientôt surgir un grand nombre d'autres du même genre.

Ces propositions, qui ne sont au fond que le retour à la vraie tradition en cette matière, paraîtront à beaucoup de personnes sans doute d'une

[1] Voir sur ce sujet le dernier chapitre de l'excellente *Méthode de Plain-chant* de M. l'abbé J. Tardif (Angers 1860).

[2] Telle est l'ancienne pratique conforme au texte du *Cérémonial*.

application très-difficile, à raison du changement qu'elles apporteraient dans les habitudes des artistes et du public. Ces difficultés, nous ne nous les dissimulons point à nous-même ; mais, quelles qu'elles puissent être, elles ne sauraient nous empêcher d'insister sur l'impossibilité qu'il y a, suivant nous, à maintenir, en face des tentatives qui se font pour arriver à une restauration sérieuse du plain-chant, un état de choses qui est logiquement incompatible avec la conservation même de ce chant. Nous aurions pu proposer une solution plus radicale, et demander que tous les versets fussent intégralement chantés, ceux que l'orgue s'attribue se réduisant pour lui dans cette hypothèse à un simple accompagnement : et cela en nous appuyant sur la lettre même du Cérémonial, qui témoigne assez clairement du désir de l'autorité ecclésiastique à cet égard, sans l'imposer pourtant comme une loi (297). En acceptant pour les organistes le bénéfice de cette sage condescendance, nous avons eu pour but, d'abord, d'apporter le moins de changements possible aux habitudes existantes ; ensuite, de montrer comment des restrictions imposées, ce semble, par la nature même des choses, peuvent se concilier avec les intérêts bien entendus de l'art. Nous n'avons pas besoin de faire observer combien, à ce dernier point de vue, aussi bien qu'à celui du respect des convenances, il serait heureux qu'on opposât une digue à ce torrent d'improvisation malsaine et souvent ridicule dont l'invasion afflige le goût non moins que la piété.

302. En second lieu (et ici nous rentrons dans notre sujet), si l'unité qui doit exister entre les différentes parties d'un même tout exige que la matière harmonique des interludes exécutés par l'orgue soit fondamentalement la même que celle de l'accompagnement des versets chantés par le chœur, comment pourra-t-on réduire cet accompagnement aux conditions rigoureuses dont nous avons parlé plus haut (221, 300), conditions telles, qu'on pourrait mettre les partisans de ce système au défi de composer, en s'y renfermant, des morceaux de musique tant soit peu développés qui soient d'un effet supportable ? Aussi ne paraît-il pas qu'il soit venu à l'esprit de personne de proposer aux organistes d'en faire l'essai. On pourrait seulement s'étonner que, même dans son application à l'accompagnement du plain-chant, ce système compte au nombre de ses partisans des musiciens qui, soit dans leurs compositions d'orgue écrites ou improvisées, soit dans d'autres productions, sacrifient sans scrupule aux tendances chromatiques et enharmoniques de la tonalité moderne et se rapprochent le plus qu'ils peuvent de ce que le prince de la critique musicale a nommé *l'ordre omnitonique,* et qu'il a assigné à l'art fondé sur cette tonalité comme le terme final de ses développements futurs. Ce n'est pas apparemment au bénéfice de la musique religieuse qu'aura lieu cette révolution prédite par M. Fétis, et lui-même sans doute ne l'a point entendu ainsi, puisque c'est

lui qui a écrit ces paroles souvent invoquées par ceux qui ont traité après lui de ces matières, et qu'on ne saurait jamais trop redire : « Quoi qu'on » fasse, on ne donnera jamais un caractère véritablement religieux à la » musique, sans la tonalité austère et l'harmonie consonnante du plain- » chant. » Or, qu'entend M. Fétis par *l'harmonie consonnante du plain-chant* (qui est en lui-même une pure mélodie), sinon l'harmonie qu'ad- aptaient aux motifs tirés de ce chant les maîtres d'une époque où la tonalité sur laquelle il est fondé informait l'art musical tout entier et ne se connaissait point encore de rivale? Les profondes études du savant direc- teur du Conservatoire de Bruxelles sur cette époque de l'art, ses belles appréciations des œuvres musicales qu'elle a produites, particulièrement de celles de Palestrina, considérées par lui comme le type par excellence de la musique religieuse, le zèle qu'il a déployé pour faire connaître ces compositions et en répandre le goût : tout cela justifie assez l'interpréta- tion que nous avons donnée aux paroles qui viennent d'être citées, et qui renferment en elles l'idée génératrice de ces *Eléments d'harmonie.*

303. C'est donc, à notre avis, mal servir la cause de l'art religieux que de favoriser des tendances qui, à force de vouloir mettre le plain-chant en dehors des conditions propres à l'art moderne, finiraient par le rejeter en dehors de l'art lui-même. Si l'harmonie est véritablement le pivot des dé- veloppements de la musique dans les temps modernes, jusque-là que les habitudes du langage semblent interdire à la mélodie toute nue de s'attri- buer le nom de musique, l'alliance de l'harmonie et du plain-chant n'est- elle pas en définitive, et malgré quelques inconvénients, un fait non-seu- lement inévitable, mais encore avantageux? En contribuant à donner de l'importance à ce chant, et à le faire mieux comprendre à des auditeurs auxquels l'habitude de l'harmonie semble avoir rendu ce genre de combi- naison nécessaire en quelque sorte pour fixer le sens de la mélodie elle- même, ce fait ne crée-t-il point au plain-chant une position meilleure, au regard des autres branches de l'art, que celle que lui assignerait un com- plet isolement? Et cet isolement ne serait-il point rendu plus sensible encore dans l'acte même de l'exécution liturgique, par un système d'accom- pagnement conçu en dehors de toute tradition d'école et qui empêche- rait toujours le plain-chant, quoi qu'on fasse, de s'assimiler les accessoires musicaux dont il s'entoure et de les contraindre à faire corps avec lui?

CHAPITRE VI

DE LA RESTAURATION DU PLAIN-CHANT DANS SES RAPPORTS AVEC L'ACCOMPAGNEMENT.

304. Avant de terminer cet ouvrage, nous croyons devoir dire quelque chose d'une question de la solution de laquelle dépend en grande partie l'importance de la matière qui y est traitée. Cette question, on peut la poser ainsi :

L'accession de l'harmonie au plain-chant peut-elle, en fait comme en droit, exercer quelque influence sur la conformation mélodique de ce chant lui-même?

L'intérêt de la question consiste en ceci : que, tous les morceaux de plain-chant et toutes les versions du même morceau ne se prêtant pas également bien à l'harmonie, souvent forcée de se plier, par le fait de la mélodie, à des combinaisons pénibles et embarrassées, il y a lieu de rechercher si la circonstance de l'accompagnement est de telle nature et de telle importance qu'elle puisse motiver la préférence à donner à une version plutôt qu'à une autre, et, ce qui est plus grave, autoriser à modifier le contexte mélodique de celle qui est en usage.

305. Pour résoudre la première partie de cette question, il ne faut que se demander si l'accompagnement ne constitue au regard du chant qu'un accessoire tellement minime, qu'il n'y ait pas lieu de se préoccuper du plus ou moins de régularité avec lequel il procède; ou si, au contraire, cet accessoire, une fois entré dans le domaine du service liturgique, n'a pas droit à obtenir toutes les facilités dont il a besoin pour se produire sous un aspect convenable, sans faire tort d'ailleurs au principal.

Il est évident que, le fait de l'accompagnement ne portant avec lui aucun caractère de nécessité, il sera toujours loisible de ne pas l'admettre, si l'espèce d'intérêt qui s'y attache ne peut entrer en balance, aux yeux des juges de la question, avec celui qu'ils portent au choix d'une version mélodique. Mais si, au contraire, on tient à l'accompagnement comme à un accessoire heureusement imaginé pour donner satisfaction à certaines tendances modernes qui n'ont rien en elles-mêmes d'opposé à l'esprit de la liturgie, si on lui attribue quelque importance au point de vue des améliorations qu'il permet de réaliser dans l'exécution du plain-chant, et de l'éclat qu'il ajoute à la célébration de l'office divin, on sera porté par là à subordonner dans une certaine mesure la rédaction mélodique du chant lui-même à la régularité et au bon effet de l'accompagnement, et l'on arrivera, au moyen de cet heureux tempérament, à un état de choses qui satisfasse autant que possible le goût et l'oreille.

Il ne s'agit pas de savoir, qu'on veuille bien le remarquer, s'il sera permis de sacrifier quelque chose de la régularité du plain-chant aux nécessités de l'accompagnement. La question ne saurait être ainsi posée, ces deux intérêts, pour qui est au courant des choses, ne pouvant jamais se trouver en lutte. Il s'agit uniquement de savoir si, entre deux formes de chant également régulières, il n'y a pas lieu de choisir celle qui s'accorde le mieux avec les exigences de l'harmonie.

306. Reste à savoir en quoi consiste la parfaite régularité du chant ecclésiastique. Les uns, d'accord avec la tradition commune des auteurs du moyen âge, la font consister dans la conformité de ce chant aux lois de la tonalité comme de la modalité grégoriennes, telles qu'elles résultent des théories formulées par ces mêmes auteurs, vérifiées par l'examen des copies les plus correctes du chant lui-même. Pour les autres, c'est une question qui se résout *a priori* et par voie d'autorité, une fois qu'on se trouve en possession d'une version qui a toutes les qualités extrinsèques d'antiquité et d'origine pour s'imposer par elle-même.

Si les premiers ne posent aucun principe qui leur interdise de prendre en considération le fait de l'accompagnement, les seconds se mettent dans l'impossibilité logique d'en faire autant. Par contre, il pourra arriver que, pour ceux qui en seraient encore à hésiter entre les deux systèmes, la considération de l'accompagnement les fasse pencher vers le premier, pour peu qu'ils voient dans l'emploi de cet auxiliaire quelque chose qui ressemble à un progrès.

307. En fait, parmi les éditions de chant romain qui se disputent aujourd'hui l'honneur de figurer au lutrin de nos églises, il n'en est aucune qui ait été établie en vue de l'accompagnement. Ce qui est assurément un bien ; car, avec les idées qui régnaient naguère dans le monde sur les analogies de la musique et du plain-chant, Dieu sait quelle besogne on aurait faite en voulant réformer ce dernier au point de vue d'une association dont

les conditions ne pouvaient être convenablement appréciées. Et il en sera de même tant qu'il n'existera pas sur cette question un corps de doctrines généralement accepté.

Mais si, eu égard à l'intention qui a présidé à leur confection, ces diverses éditions se présentent à nous dans des conditions toutes pareilles, il n'en est pas de même quant au résultat pratique. On peut affirmer qu'au point de vue des facilités qu'elles donnent à l'accompagnement, les éditions établies sur le type de celles du xvii° siècle l'emportent de beaucoup sur celles qui reproduisent plus ou moins fidèlement d'anciens manuscrits. Cet avantage est dû d'abord aux réductions de notes qu'on a fait subir à la cantilène primitive, surchargée en certaines pièces d'une exubérance d'ornements mélodiques qui impose à l'harmoniste de véritables tortures; il est encore le résultat d'un certain instinct auquel obéissaient, sans s'en rendre compte, les musiciens auteurs de ces réductions, instinct qui leur a fait souvent préférer les leçons qui répugnaient le moins à l'harmonie, sans que, d'ailleurs, le goût de la musique moderne se fasse autrement sentir dans leur travail.

308. Serait-il bon d'aller plus loin et d'entreprendre une édition de livres choraux avec l'idée préconçue de donner aux harmonistes, par le choix des leçons qui y seraient consignées, plus de facilité pour appliquer à ce chant les ressources de leur art? Il serait imprudent de répondre affirmativement à cette question avant de savoir au juste jusqu'où doit s'étendre ce système de révision. Dans l'état actuel des choses, et en supposant que l'on s'en tienne aux principes de cette méthode, nous pensons qu'il suffirait de modifier quelques formules de cadence, c'est-à-dire les seuls passages dans lesquels l'harmonie, ayant une marche imposée d'avance, doit nécessairement trouver dans la mélodie elle-même le moyen de satisfaire à ses obligations. Pour ce qui est du reste, nous voyons bien ce que le plain-chant pourrait perdre dans un remaniement dirigé par des vues prises en dehors de la mélodie elle-même; mais nous ne voyons pas ce que l'harmonie pourrait y gagner. Car, à moins d'avoir pour chaque pièce de chant un accompagnement fixé d'avance et une fois pour toutes, on ne posséderait aucune donnée propre à faire saisir l'intention en vertu de laquelle le réviseur aurait préféré, au regard de l'harmonie, telle formule mélodique à telle autre. En sorte que le résultat le plus clair d'une pareille entreprise serait d'ajouter une nouvelle variante à celles qui existent déjà.

309. Le plain-chant a subi, depuis qu'il existe, bien des modifications et des remaniements, qui en ont laissé la substance plus ou moins intacte, tout en l'accommodant successivement aux besoins des temps. Si jusqu'à ce moment ces modifications n'ont été opérées qu'en vue de la mélodie seulement, peut-être n'en sera-t-il pas de même dans un avenir plus ou moins prochain. Peut-être, l'alliance de l'antique chant grégorien et de l'harmonie

venant à se resserrer de plus en plus, les éléments de l'un et de l'autre se pénètreront davantage, et la mélodie du plain-chant, transformée par l'harmonie, s'adaptera d'elle-même à l'accompagnement comme à son complément nécessaire. Mais, quels que soient les changements qui se préparent dans cette branche de l'art religieux, on peut être assuré que la tradition, qui préside à tous les légitimes développements de celui-ci, ne fera pas défaut en cette circonstance, et saura concilier ce qu'il doit y avoir de substantiellement invariable dans un accessoire important du culte divin, avec ce qu'y peuvent introduire d'accidentel et de variable les diverses conditions des temps et des lieux.

Les données pratiques que fournit l'étude des anciens monuments de l'art musical sur la manière d'associer l'harmonie au plain-chant formant une partie notable de cette tradition, nous avons pensé qu'il pouvait être utile de les recueillir avec plus d'exactitude qu'on ne l'avait fait jusqu'ici et de les coordonner entre elles, dans tout ce qu'elles ont d'applicable aux besoins du temps présent. Si, par la protection de Dieu, nous ne sommes pas restés trop au-dessous de cette tâche, nous aurons contribué à renouer la chaîne par laquelle l'art doit chercher à remonter à son passé, s'il veut se rendre digne d'une destination sacrée, dont ne le détournent que trop l'esprit et les habitudes du siècle.

LEÇONS PROGRESSIVES

OU

EXERCICES PRATIQUES

POUR SERVIR A L'ÉTUDE DE L'HARMONIE

dans l'ancienne tonalité.

Nous avons, dans le courant de cet ouvrage, annoncé cet appendice et indiqué l'usage qu'on en doit faire (57, 91, 93, 104, 154, 261). Nous rappellerons seulement ici que le *chant donné* placé au-dessus de la *basse chiffrée* se rapporte exclusivement à l'enseignement consigné dans la seconde partie, et que ceux-là seulement doivent en tenir compte, qui en sont arrivés à ce point dans la lecture de notre traité. La basse chiffrée devra donc seule fixer l'attention de ceux qui n'étudieraient encore que la première partie.

I.

Cette première série est toute composée de pièces empruntées à d'anciens recueils de musique chorale. Les 11 premières leçons sont extraites d'une édition, publiée en 1619, de la traduction latine des psaumes de Georges Buchanan [1]. Nous voyons par la préface (datée de 1584) de l'éditeur, Nathan Chytraeus, que la musique ajoutée par lui à ce recueil, pour l'usage de l'école qu'il dirigeait, a été fournie par le maître de musique de cette école, nommé Statius Olthovius d'Osnabruck, lequel en aurait emprunté une partie à des auteurs plus anciens.

Paul Hofhaimer, célèbre organiste du xve siècle, qui a publié un recueil d'harmonies syllabiques sur des poésies d'Horace et autres auteurs latins, nous a fourni la 12e leçon, qui est du même style que les précédentes; nous en repro-

---

[1] Psalmorum Davidis paraphrasis poetica G. Buchanani Scoti. Herbornae Nassoviorum, 1619, in-18.

duisons fidèlement le dessus et la basse. — Nous n'avons pas besoin de faire remarquer combien ces premières compositions, d'ailleurs écrites avec toute la correction désirable, sont peu satisfaisantes quant à l'enchaînement des accords et à la terminaison des phrases.

Le faux-bourdon de l'hymme *Ut queant laxis* est tiré du second livre du *Dodecachordon* [1] de Glaréan (1547), qui le donne comme une composition déjà fort ancienne.

Les autres morceaux de cette série sont extraits du Psautier mis en rimes par Clément Marot et Théodore de Bèze, pour l'usage des églises prétendues réformées de France et de Suisse. Plusieurs compositeurs du xvie siècle ont publié des arrangements à plusieurs parties des chants de ce recueil. Ceux que nous donnons ci-après sont dus, nous le croyons du moins, à Claude Goudimel, célèbre musicien huguenot, originaire du Comté de Bourgogne, que l'histoire signale comme fondateur d'une école d'où sortirent plusieurs des maîtres romains de cette époque, et parmi eux le plus grand de tous, J. Pierluigi de Palestrina.

Nous n'avons pas besoin de relever le mérite de ces compositions, qui sont peut-être ce qu'on a produit de plus parfait en ce genre et de plus propre à servir de modèle à qui se propose de réaliser dans sa véritable forme l'accompagnement du chant grégorien. Aussi ne saurions-nous trop engager les amateurs de musique ecclésiastique à se procurer ce recueil, plusieurs fois réimprimé pour les besoins du culte protestant [2], qui paraît l'avoir à peu près généralement répudié aujourd'hui [3].

A ceux qui s'étonneraient de nous voir prendre nos modèles au sein d'un culte dissident, qui ne peut prétendre à aucune autorité en fait de traditions liturgiques, nous répondrions qu'il nous eût été fort difficile de trouver dans l'œuvre des musiciens catholiques un ensemble aussi considérable de compositions syllabiques du genre dont il est ici question, et dont nous avons traité presque exclusivement dans le cours du présent ouvrage. La raison en est que, à l'époque à laquelle nous devions nous reporter, les musiciens qui travaillaient pour l'Eglise catholique et qui composaient sur les thèmes de notre plain-chant, cultivaient de préférence le contre-point figuré, plus goûté de leurs contemporains, et ne faisaient guère usage du contre-point syllabique que dans des pièces courtes et de peu d'importance, écrites pour les chapelles desservies par eux et presque toujours demeurées inédites; tandis que, chez les protestants, la participation plus grande du peuple à l'exécution du chant sacré, si hautement recommandée par les chefs de la prétendue réforme, a fait multiplier

---

[1] Page 238.

[2] Rien de plus commun que les réimpressions de ces psaumes, au moins quant à la partie mélodique. Les éditions qui renferment les parties d'accompagnement sont plus rares. Nous en possédons une donnée à Berne en 1820 avec un texte allemand.

[3] Un acte de vandalisme vraiment étrange a été commis il y a quelques années par le Consistoire de l'église réformée de Paris, qui a fait publier par un musicien très-connu, et étranger d'ailleurs au culte protestant, une édition de ces chants harmonisés à trois voix dans le goût du jour, et modifiés dans leur forme mélodique toutes les fois que celle-ci sortait de la constitution des modes de la musique moderne !!!

davantage les publications de ce genre et leur a donné plus d'importance. Au reste, ce qui importe ici, c'est le caractère de l'harmonie et de la tonalité; et l'on peut affirmer qu'à cet égard il n'y a aucune différence entre les diverses productions musicales du xvi⁰ siècle, quel que soit le culte auquel elles aient été destinées. Bien plus, les protestants, surtout ceux d'Allemagne, conservèrent un grand nombre de chants de la liturgie catholique, et on en reconnaîtra quelques-uns dans les extraits qui vont suivre. Aussi un auteur de ce temps, qui a imaginé la bizarre allégorie d'une guerre entre le Plain-chant et la Musique mesurée, a-t-il fait figurer dans le camp du roi du Plain-chant (*rex Planorum*) non-seulement le Pape et les Evêques, mais aussi les ministres du saint Evangile, et même leurs femmes [1]. Encore est-il vrai de dire que, pour ce qui est de la tonalité, il n'y a pas de différence sensible entre la musique séculière et la musique d'église de ce temps-là, et que, pour l'accompagnement même du chant ecclésiastique, on trouverait d'excellentes indications à recueillir dans certaines chansons et airs de danse traités en harmonie plaquée, tel que celui qu'on trouvera à la suite des chorals de Goudimel [2]. La mélodie, qui appartient au 2⁰ mode, est d'un caractère extrêmement gracieux, et l'accompagnement se renferme strictement dans la tonalité propre à cette échelle modale. En cherchant à adapter à ce morceau les paroles d'un cantique à la sainte Vierge, peut-être semblerons-nous le rendre à sa destination naturelle.

Le chant placé sur la basse forme, dans cette dernière pièce, la partie de dessus, et dans les chorals de Goudimel celle de *tenor*. Quant aux premières leçons, nous en avons tiré le chant tantôt du *tenor*, tantôt du dessus, ne nous proposant en cela autre chose sinon d'offrir à nos lecteurs une mélodie qui fût acceptable; à quoi nous ne nous flattons pas d'avoir toujours réussi. Dans toutes, ce chant est écrit en clef de violon, conformément aux usages de la notation courante, et aussi à la méthode le plus généralement suivie dans ce traité. Il y aura tout profit du reste à s'exercer à le placer dans les différentes parties.

Toutes ces leçons se trouvent classées dans un ordre progressif correspondant à celui du traité lui-même, auquel elles servent d'application et de pièces justificatives.

Accords consonnants. (1ʳᵉ PART., CHAP. I ET II.)

Leçon I. Ps. xxvii. *Ad te Domine clamabo.* (Buchanan xxviii.)

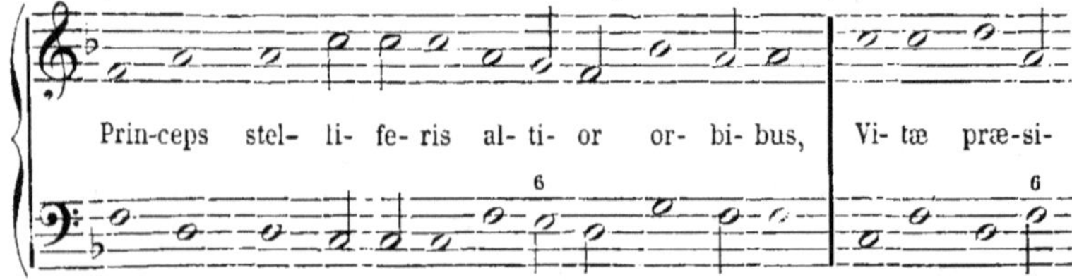

[1] *Claud. Sebastiani.* « Bellum musicale inter plani et mensurabilis cantus reges. » Strasbourg, 1565.

[2] Nous tirons ce morceau de l'*Orchésographie,* livre curieux publié à Langres vers la fin du xvi⁰ siècle, sous le nom de Thoinot Arbeau, anagramme de l'official Jehan Tabourot.

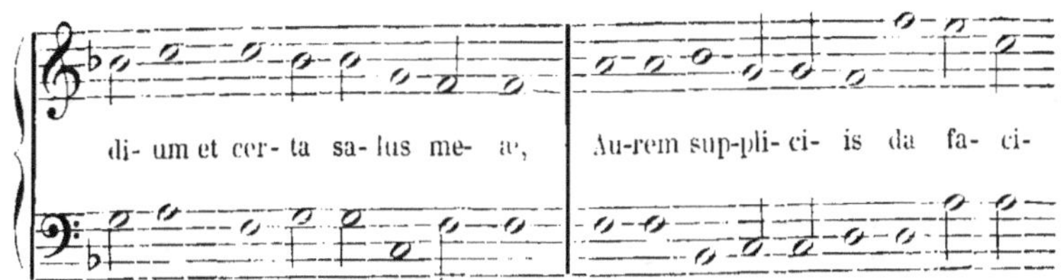

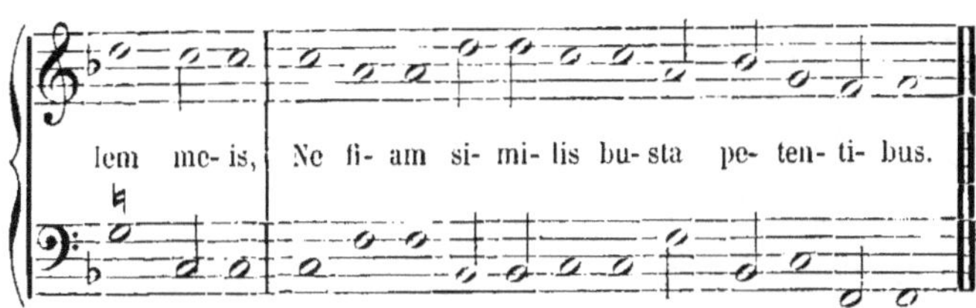

Leçon II. Ps. v. *Verba mea auribus percipe.*

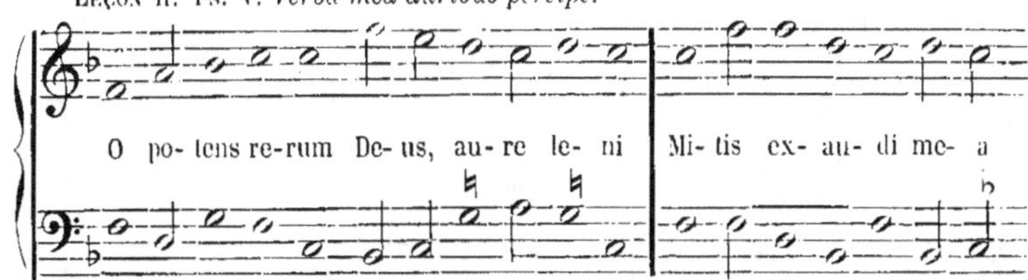

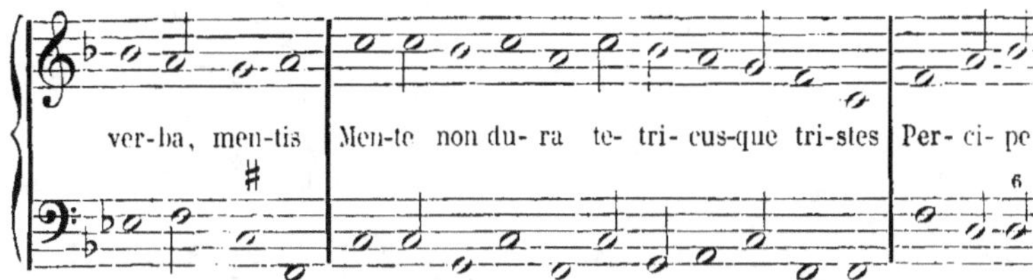

Leçon III. Ps. xxxii. *Exultate justi in Domino.* (Buchanan xxxiii.)

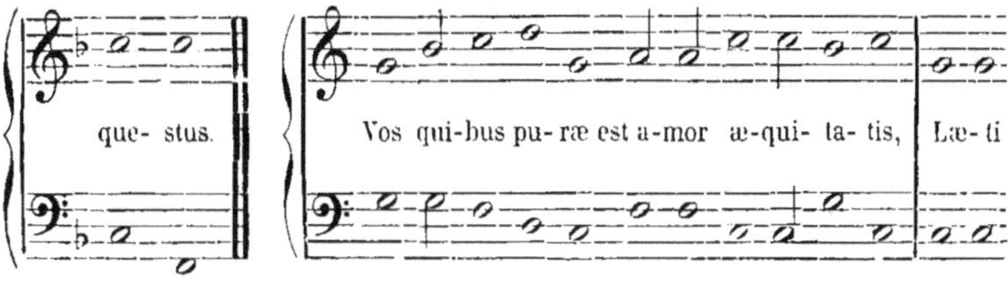

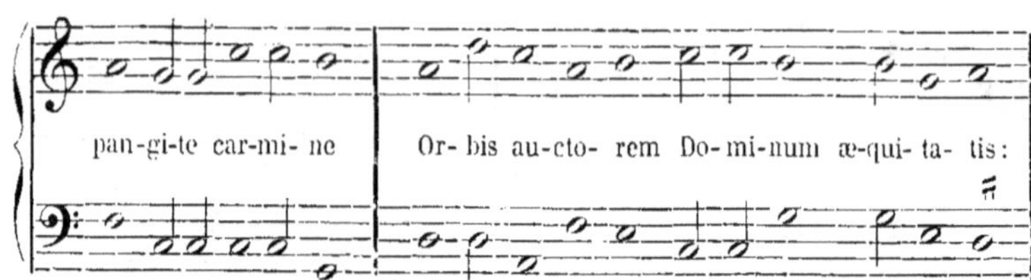

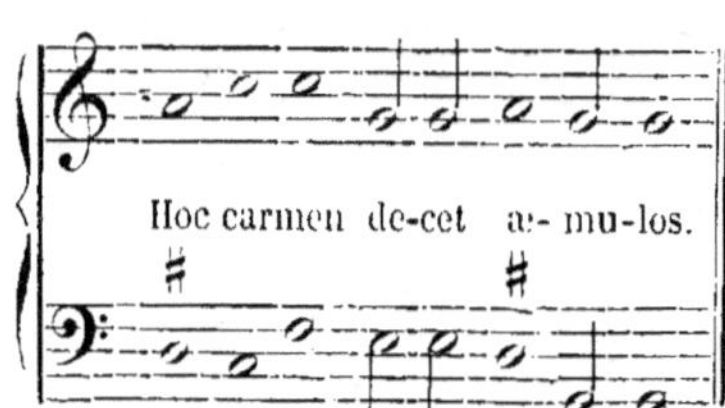

Leçon iv. Horatius, lib. I, od. xi. (*Ibid.*)

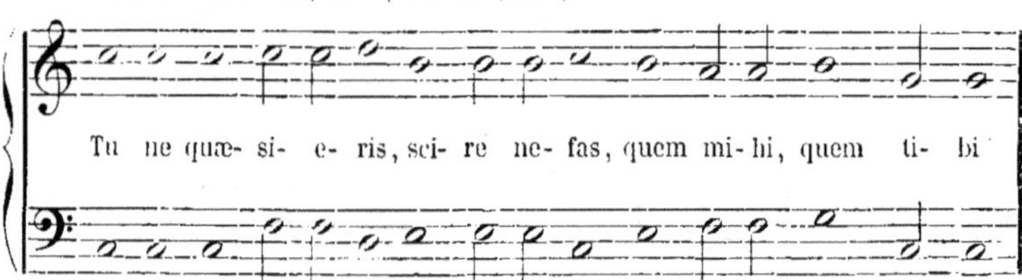

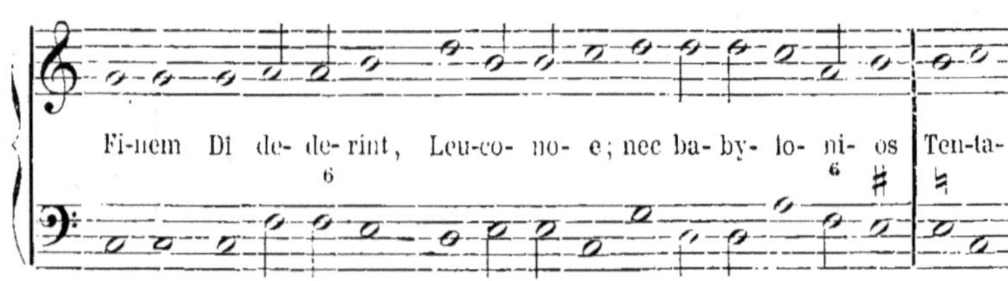

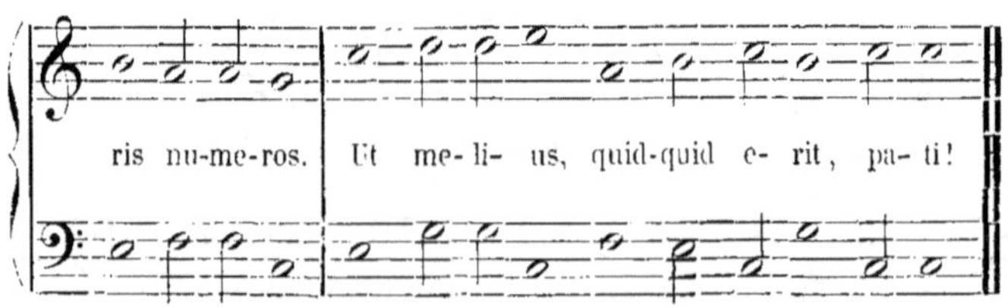

Leçon v. Ps. xii. *Usquequo Domine.* (Buchanan xiii.)

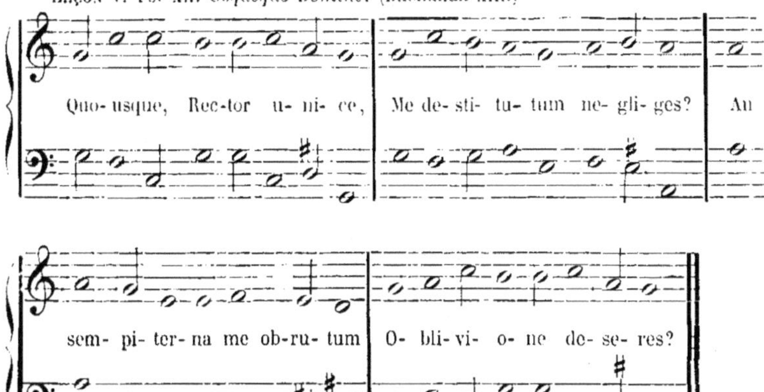

Leçon vi. Ps. v. *Verba mea auribus.*

Leçon vii. Ps. vii. *Domine Deus meus.*

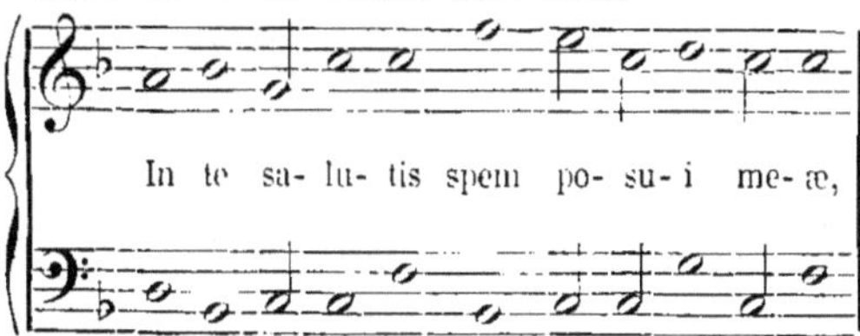

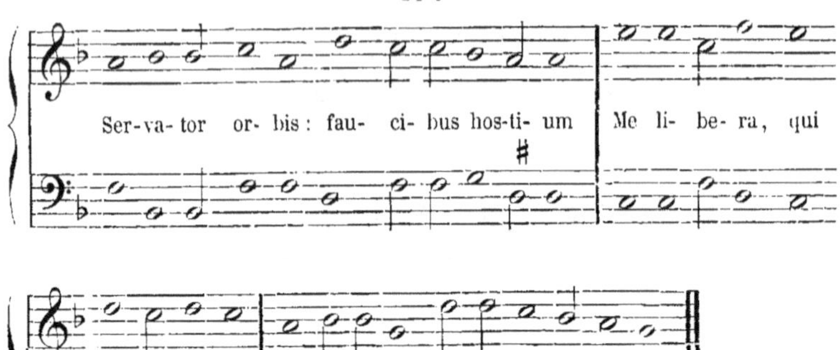

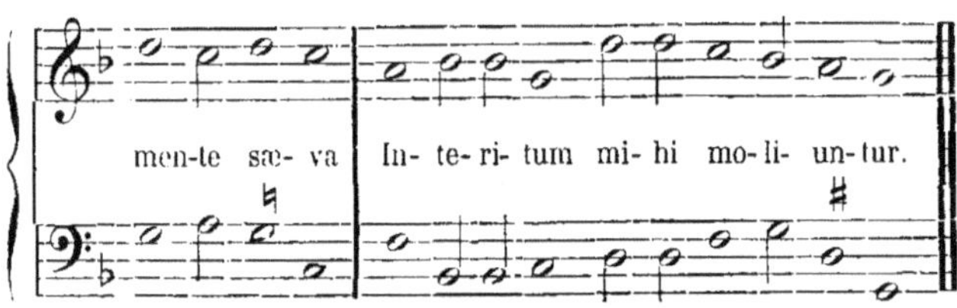

LEÇON VIII. PS. CXXXVII. *Confitebor tibi Domine.* (Buchanan CXXXVIII.)

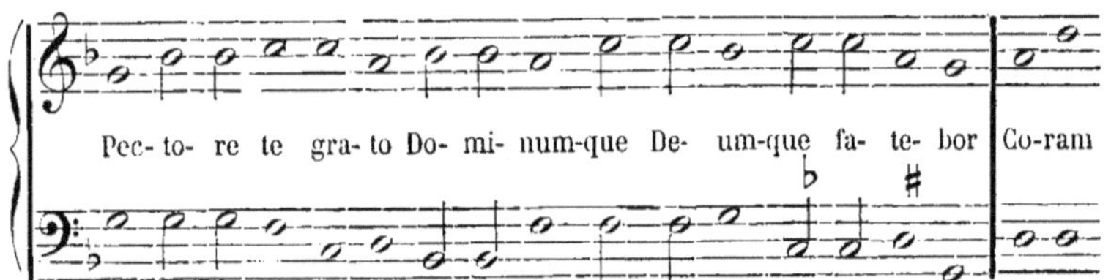

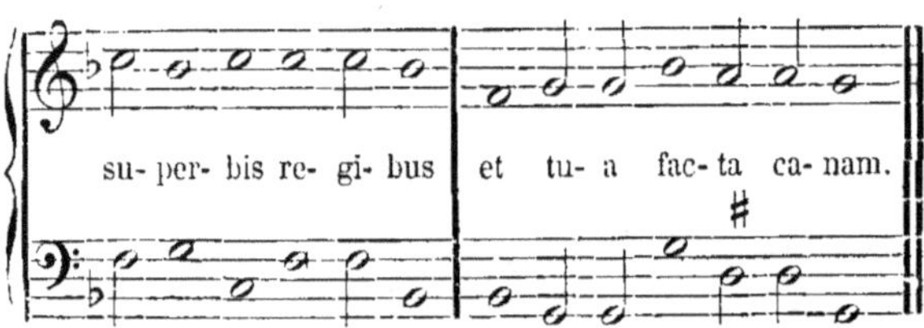

LEÇON IX. PS. IX. *Confitebor tibi Domine in toto corde.*

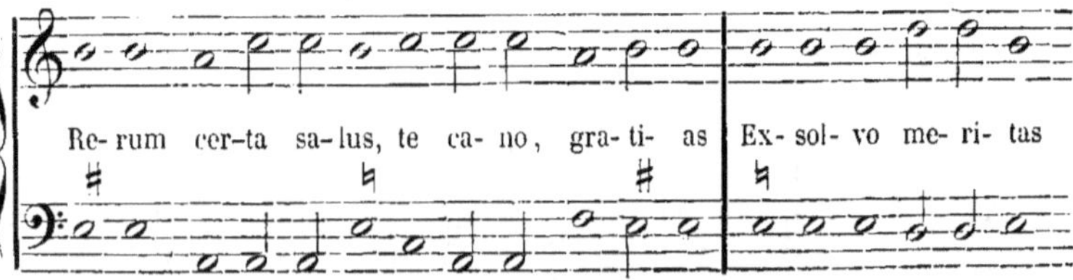

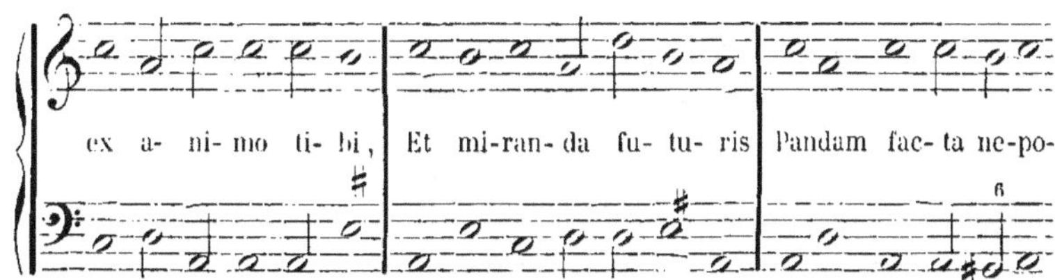

Leçon x. Ps. i. *Beatus vir.*

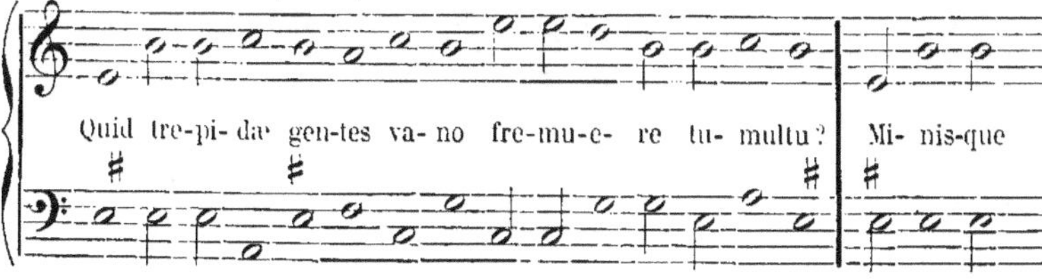

Leçon xi. Ps. ii. *Quare fremuerunt.*

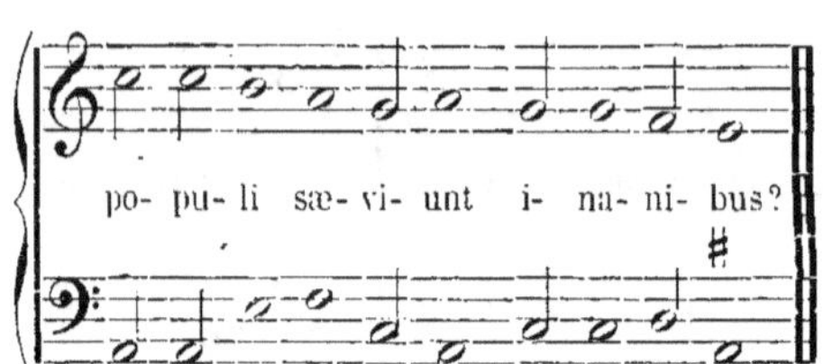

Leçon XII. Hor., od. 1, 1.

Leçon XIII. Hymn. *Ut queant*. (Tiré de Glaréan.)

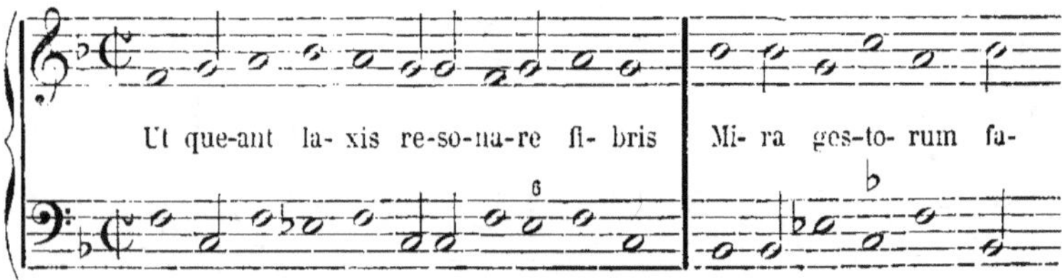

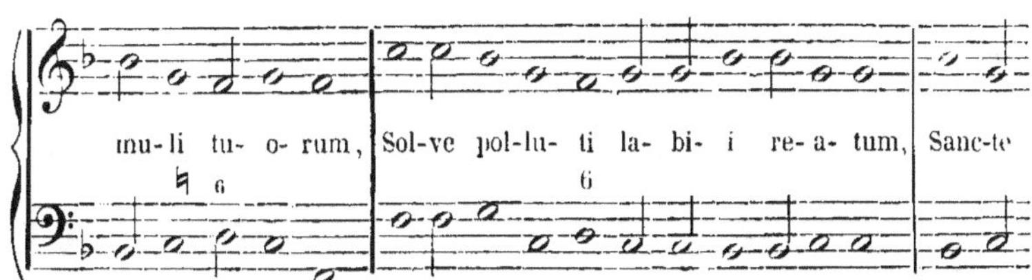

Accords dissonants (N°s 72 à 94).

LEÇON XIV. Ps. XLI. *Quemadmodum cervus.* (Marot XLII.)

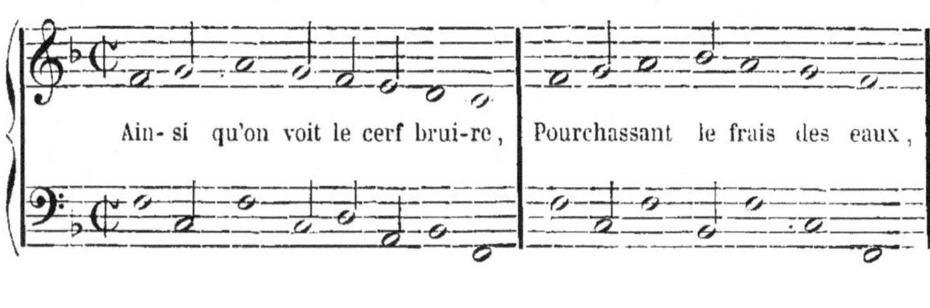

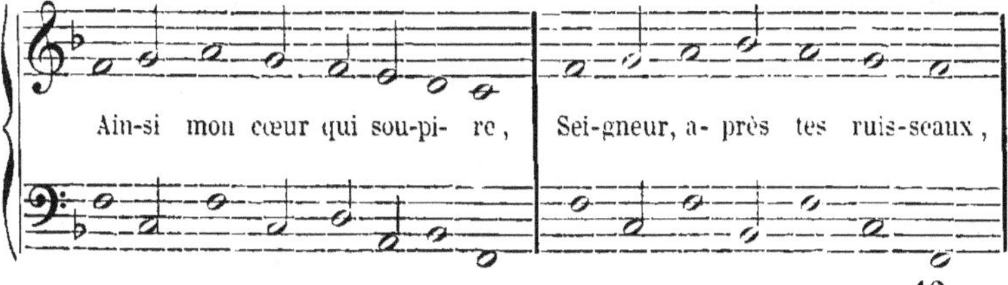

LEÇON XV. Ps. CXXXIX. *Eripe me, Domine.* (Marot CXL).

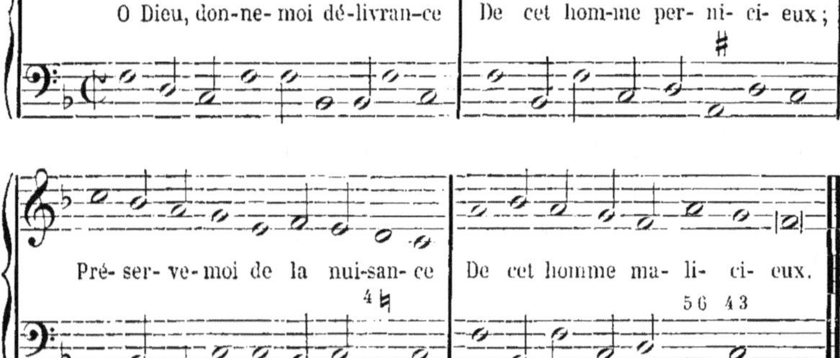

LEÇON XVI. Ps. CL. *Laudate Dominum.*

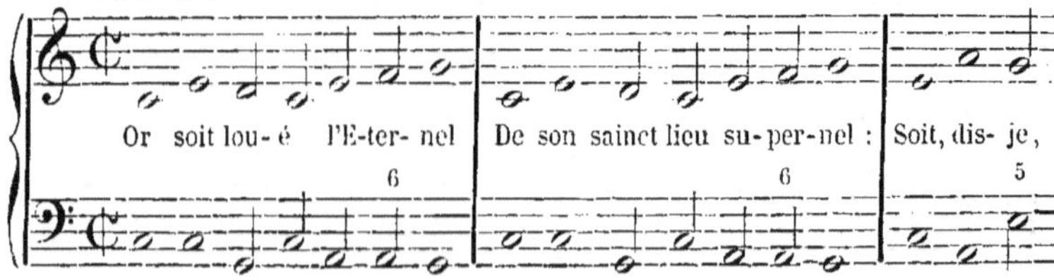

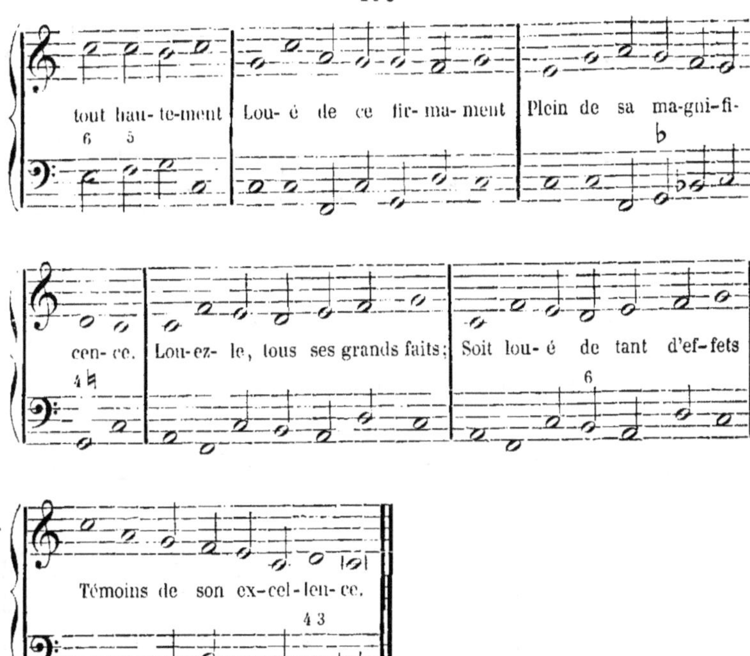

LEÇON XVII. PS. CV. *Confitemini Domino.*

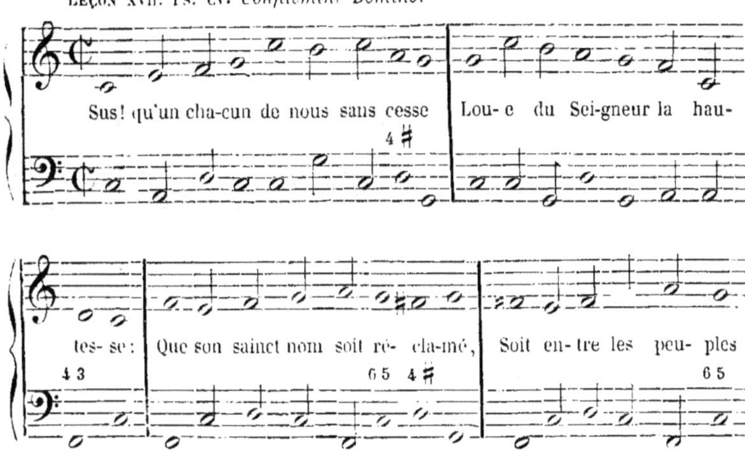

LEÇON XVIII. Ps. XVIII. *Cœli enarrant.* (Marot XIX.)

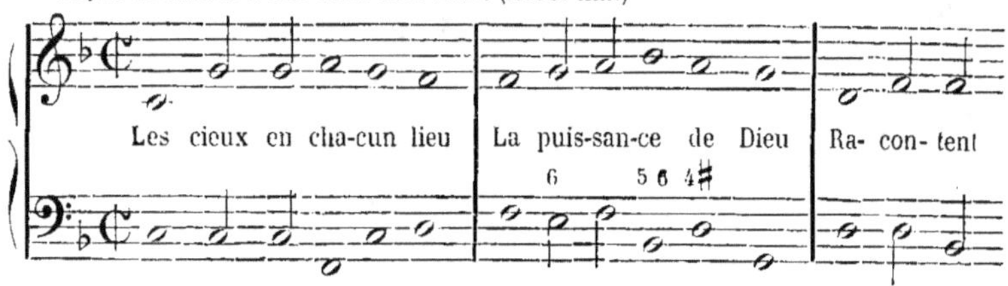

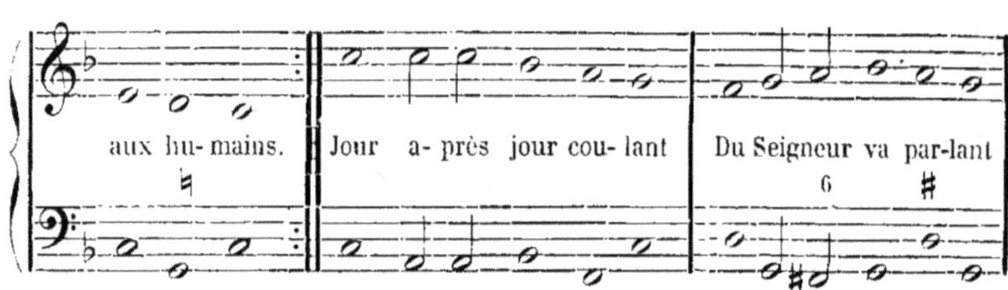

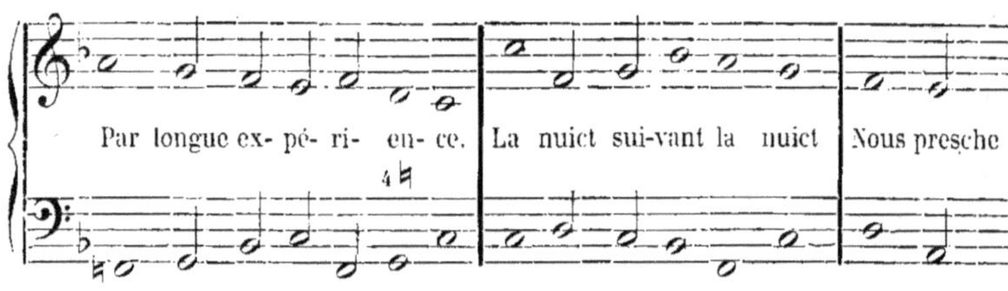

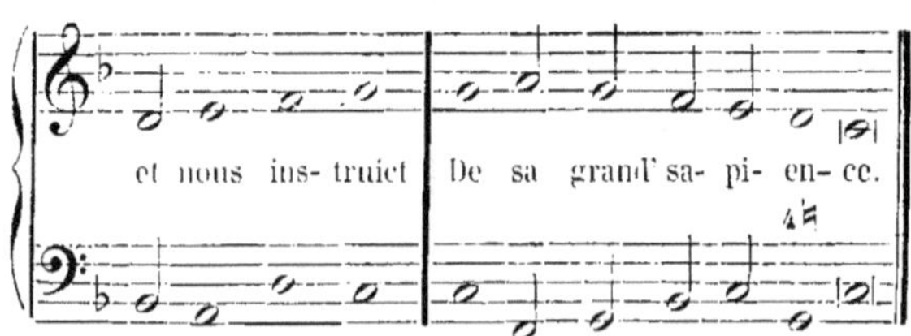

Leçon XIX. Ps. LXXXIV. *Benedixisti Domine.* (Marot LXXXV.)

Leçon XX. Ps. CII. *Benedic anima mea Domino.* (Marot CIII.)

Leçon XXI. Ps. XVII. *Diligam te Domine.* (Marot XVIII.)

LEÇON XXII. Ps. CIII. *Benedic anima mea.* (Marot CIV.)

De l'E- ter- nel, ô mon vrai Dieu, com- bien
Ta gran- deur est ex- cel- len-
te et no- tôi- re! Tu es ves- tu de splen- deur et de gloi- re; Tu
es ves- tu de splen- deur pro- pre- ment, Ne plus ne moins que d'un
ac- cous- tre- ment. Pour pa- vil- lon qui d'un tel roy soit di- gne, Tu
tens le ciel ain- si qu'u- ne cour- ti- ne.

Leçon XXIII. Ps. XXXVIII. *Dixi custodiam.* (Marot XXXIX.)

Leçon XXIV. Ps. XXX. *In te Domine.* (Mar. XXXI.) *A solis ortus cardine.*

Leçon XXV. Ps. CXL. *Domine clamavi.* (Mar. CXLI.) *Conditor alme siderum.*

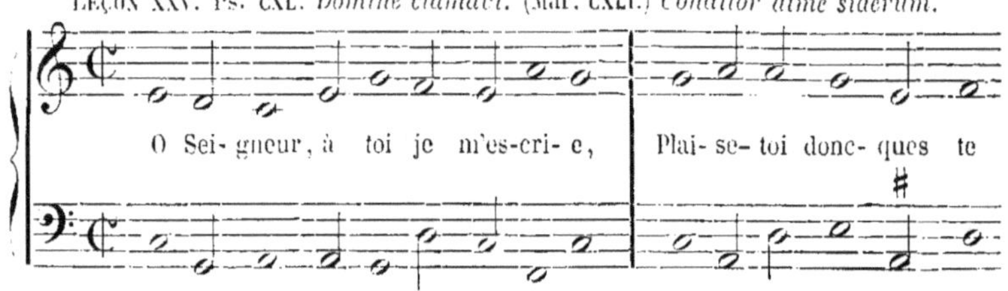

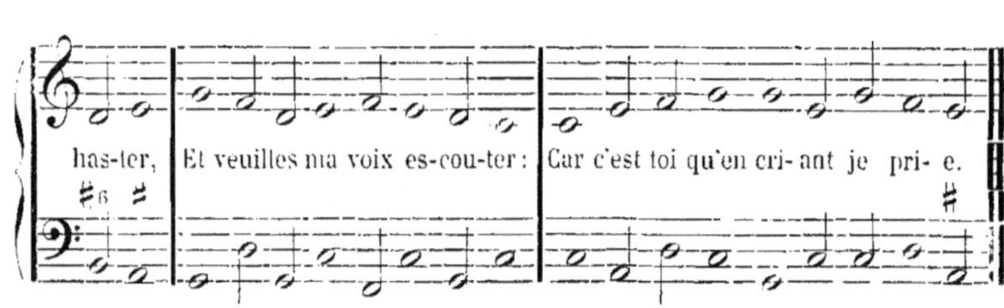

Leçon XXVI. Pavane.

Notes de passage (CH. III, § 2).

II.

Cette seconde série d'exercices se compose de formules en style grégorien dans tous les modes. On s'est proposé particulièrement d'y réaliser les diverses cadences qu'il est permis respectivement à chacun d'eux de pratiquer. Comme, d'ailleurs, il est des cadences qui peuvent se présenter de la même manière dans des modes différents, l'omission de quelqu'une d'entre elles dans la formule d'un mode se trouverait par là même suppléée.

Mode de FA *authentique*.

Plagal.
6
6

Mode d'UT transposé *authentique*.

Plagal.

Mode de RÉ *authentique*.

Plagal transposé.

Mode de LA authentique.
Plagal.

14

Plagal.

FIN.

TABLE.

Première partie.

Deuxième partie.

Troisième partie.

FIN DE LA TABLE.

DIJON. IMPR. PEUTET-POMMEY.

www.ingramcontent.com/pod-product-compliance
Lightning Source LLC
LaVergne TN
LVHW011957180726
843502LV00005B/1444